NOUVELLE MÉTHODE DE PLAIN-CHANT PARISIEN,

OU

EXPOSITION CLAIRE ET PRÉCISE DES PRINCIPES DU PLAIN-CHANT;

Suivie de Pièces de Chant sur tous les Tons pour exercer l'Elève par degré,

ET DE PRINCIPES DE PLAIN-CHANT MUSICAL :

Ouvrage disposé de manière à ce que toute personne puisse, sans le secours d'un Maître, apprendre à chanter par principes, et en peu de temps;

A L'USAGE

Des Ecclésiastiques, des Séminaristes, et des Chantres laïques; Extrait des meilleurs Auteurs, tels que la Feuillée, Lebeuf, etc.

PAR M.r L'ABBÉ G***.,
Ancien Professeur de Plain-Chant au Séminaire D***.

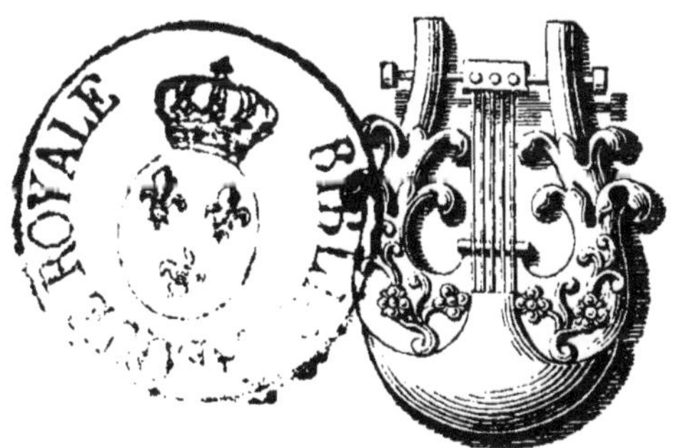

A DIJON,

CHEZ DOUILLIER, ÉDITEUR DES LITURGIES PARISIENNE ET ROMAINE, RUE DES CHAMPS.

1829.

DE LA SCIENCE

DU PLAIN-CHANT.

Le chant est une des plus belles portions de l'Office divin : rien de plus propre à édifier les fidèles et à les porter à la piété que le chant bien exécuté. Cependant, il faut l'avouer, parmi les personnes qui le cultivent, il en est peu qui en connaissent parfaitement les règles. Les unes sont rebutées de l'apprendre, par les difficultés qu'elles craignent d'y rencontrer; et le défaut de bonnes Méthodes est cause que beaucoup d'autres négligent d'en faire une étude approfondie. La plupart de ces Méthodes sont des abrégés qui ne contiennent, pour ainsi dire, que la superficie du chant. D'autres, plus étendues, telles que celle de la Feillée pour le chant romain, et celle de Lebeuf, auteur du chant parisien, sont très-volumineuses, et semblent quelquefois manquer d'ordre et de précision.

C'est pour tâcher d'obvier à tous ces inconvéniens, que nous avons essayé de donner dans celle-ci, d'une manière claire, précise et régulière, toutes les règles du Plain-Chant, au moyen desquelles on pourra apprendre en très-peu de temps à chanter avec goût et perfection.

La plupart des règles exposées dans cet ouvrage n'étant point nouvelles, nous avons dû quelquefois nous approprier les expressions des auteurs qui ont écrit avant nous sur cette matière : nous l'avons fait quand elles nous ont paru claires, lumineuses, et par conséquent propres à atteindre le but que nous nous sommes proposé, celui d'instruire avec toute la clarté et la précision possibles.

NOUVELLE MÉTHODE
DE PLAIN-CHANT.

(*Nota.* Les chiffres de ce premier Chapitre correspondent aux renvois indiqués dans le corps de l'ouvrage.)

CHAPITRE PREMIER.

Du Chant en général.

1. Le chant en général est une liaison de sons marqués par des notes qui forment des tons et des demi-tons, tant en haussant la voix qu'en la baissant par degrés conjoints ou diatoniques, ou par degrés disjoints.

2. Il y a dans le chant sept sons primitifs que l'on exprime par les notes *ut*, *ré*, *mi*, *fa*, *sol*, *la*, *si*, que l'on répète au besoin en reprenant successivement *ut*, *ré*, *mi*, etc.

3. Gui d'Arezzo, moine italien qui vivait dans le onzième siècle, substitua aux sept premières lettres de l'alphabet, dont on se servait dans le chant grégorien pour exécuter les sept sons primitifs, les lignes et les fameuses syllabes *ut*, *ré*, *mi*, *fa*, *sol*, *la*, qu'il tira de la première strophe de l'hymne des vêpres de S. Jean-Baptiste, selon l'usage romain, en la chantant de cette manière :

UT queant laxis
REsonare fibris
MIra gestorum
FAmuli tuorum,
SOLve polluti
LAbii reatum,
SAncte Joannes.

La syllabe *sa* (1) ou *za* désigne encore dans quelques vieilles Méthodes le demi-ton placé immédiatement au-dessus du *la*; mais dans

(1) Dans le romain on dit *za* quand le degré au-dessus du *la* est bémol.

toutes on dit *si* au lieu de *sa* ou *za* quand le demi-ton est placé un degré plus haut.

Au reste, plusieurs Méthodes modernes, celle de Paris, par exemple, n'ont retenu que la syllabe *si* après le *la;* et, soit que le demi-ton ait son siége du *si* à l'*ut*, soit qu'il l'ait immédiatement du *la* au *si*, cette dernière note conserve son nom; et les personnes habiles savent chanter le Plain-Chant sans jamais changer le *si* et le *mi* bémols en *sa* ou *za*, et font les tons et les demi-tons aussi justes que s'ils en changeaient le nom, vu que le nom de la syllabe n'y fait rien.

Les lettres alphabétiques de l'ancien chant grégorien ou romain répondent aux syllabes *ut*, *ré*, etc., dans l'ordre suivant :

a,	b,	c,	d,	e,	f,	Γ, γ g (1).
La,	*si*,	*ut*,	*ré*,	*mi*,	*fa*,	*sol*.

On verra plus loin l'usage que l'on fait encore aujourd'hui de ces lettres dans le Plain-Chant. On voit ici que la note *si* répond à la note *b*, et que c'est de là que viennent les termes de *b.* mol et de *b.* quarre, qu'on écrit maintenant *bémol* et *bécarre*, suivant que la voix s'adoucit ou chante rudement sur la note *si* ou *b*, à raison du demi-ton ou du ton plein.

4. Le ton est composé de neuf parties : cinq de ces parties forment un demi-ton ma-

(1) Le 7.e degré, maintenant appelé *sol*, était marqué par un *gamma*, Γ, γ, d'où vient le nom de *gamme* donné à l'échelle de sept degrés consécutifs du chant.

jeur. Le demi-ton mineur ne comprend dans son étendue que quatre neuvièmes du ton entier. Ainsi, de *la* à *si* bécarre il y a un ton entier; de *la* à *si* bémol il y a un demi-ton majeur, mais de *si* bémol à *si* naturel ou bécarre il n'y a plus qu'un demi-ton mineur : c'est ce qui est rendu sensible par l'instrument appelé Monochorde, c'est-à-dire à une seule corde, dont la touche est divisée en neuf parties qui forment le ton entier, et qui fait sentir à l'oreille la différence des deux demi-tons dont le majeur a de plus que le mineur, ce qu'on appelle le *comma*, c'est-à-dire un neuvième de la valeur ou étendue du ton entier. Cela se connaît encore à la vue, puisqu'il faut deux degrés pour former un demi-ton majeur également comme pour un ton, tandis que le demi-ton mineur se fait sur le même degré que le majeur, quoiqu'il forme cependant un son différent.

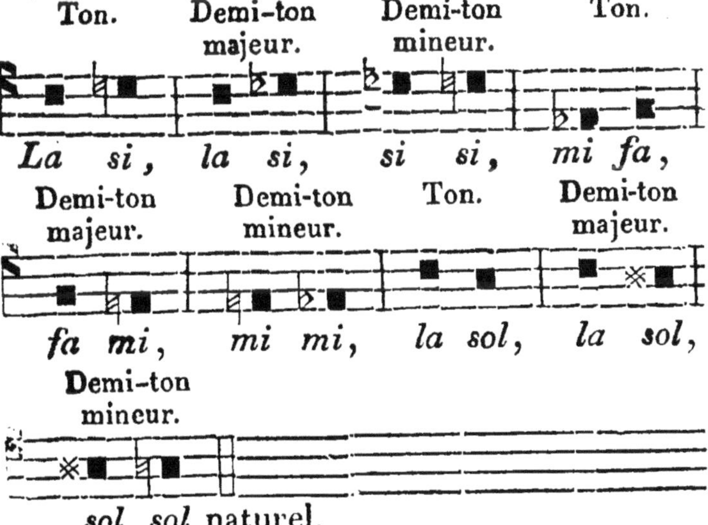

Au reste, les détails relatifs au demi-ton mineur appartiennent plutôt à la Musique qu'au Plain-Chant, car dans ce dernier on passe toujours d'un ton à un autre ton ou à un demi-ton majeur, et le demi-ton majeur est toujours suivi d'un ton soit en montant soit en descendant ; en d'autres termes, tous les intervalles du Plain-Chant n'embrassent que des tons et des demi-tons majeurs. Ainsi les exemples du demi-ton mineur cités ci-dessus se présentent dans la musique, mais jamais dans le Plain-Chant.

Les sons répétés au même degré s'appellent unissons ; il est inutile d'ajouter avec certaines Méthodes : *A moins que le bémol ou le bécarre n'y apporte un changement ;* car ce changement ne pourrait être produit que par le demi-ton mineur qui, comme nous venons de l'observer, n'a jamais lieu dans le Plain-Chant ordinaire.

5. Le degré conjoint ou diatonique est le plus petit de tous les intervalles, tel que celui de seconde, composé de deux notes ou de deux degrés : ainsi *ut ré* et *ré mi* sont des degrés conjoints, vu qu'il n'y a qu'un intervalle de seconde d'*ut* à *ré* comme de *ré* à *mi.*

Le degré disjoint est celui qui embrasse un plus grand intervalle que celui de seconde : ainsi *ut mi*, *ut fa*, *ut sol*, *ut la*, *ut si*, sont autant de degrés disjoints, puisque le plus petit de ces intervalles excède l'intervalle de seconde.

EXEMPLES.

Degrés conjoints ou diatoniques.

Degrés disjoints ou intervalles.

La gamme, soit en montant, soit en descendant, peut se nommer gamme diatonique, c'est-à-dire gamme par degrés conjoints. Ces degrés conjoints, ainsi que les disjoints, se nomment accords, qui sont la seconde, composée de deux notes ou de deux degrés; la tierce, composée de trois notes ou de trois degrés; la quarte, composée de quatre notes ou de quatre degrés; la quinte, composée de cinq notes ou de cinq degrés; la sixte, composée de six notes ou de six degrés; la septième, qui n'est pas d'usage dans le Plain-Chant; et l'octave, qui est composée de huit notes ou de huit degrés.

Remarquons ici qu'il est indifférent de nommer l'octave huitième ou premier degré, vu que l'octave n'est que la répétition du premier degré.

6. La tierce, ou l'espace compris entre trois notes ou trois degrés, se divise en majeure et en mineure. La tierce est majeure quand l'intervalle du premier au troisième degré est de deux tons entiers : ainsi ces notes *ut ré mi*, *fa sol la*, *sol la si* naturel, *si* bémol *ut ré*, forment des tierces majeures, puisque tous ces intervalles embrassent deux tons pleins.

Par la raison contraire, la tierce est mineure lorsque l'intervalle du premier au second degré, ou du second au troisième, n'est que d'un demi-ton (majeur), comme dans ces notes *fa mi ré*, *sol fa mi*, *ut si la*, *ré ut si* naturel, *mi* bémol *ré ut*.

De la position du demi-ton résulte la division des tierces mineures en droites et en inverses. La tierce mineure est droite lorsque le sémi-ton est placé dans l'intervalle du premier degré d'en haut au second, comme dans *ut si la* (par *si* naturel), *si* bémol *la sol*, *fa mi ré*, *sol fa* dièse *mi*. La tierce mineure est inverse si le semi-ton est placé du second au troisième degré inférieur, comme dans *sol fa mi*, *ré ut si*, *ut si* bémol *la*, *fa mi* bémol *ré*.

Ces remarques sont la suite des observations que nous avons faites touchant la différence des tons et des demi-tons, qui est la base et le principe constitutif de tout chant. C'est par ignorance de la position des tons et des demi-tons que bien des personnes chantent faux une pièce d'un bout à l'autre, sur-tout si cette pièce n'a pas été bien entonnée. Le siége d'un ton ou d'un demi-ton se trouvant une fois déplacé, le déplacement se communique d'un bout de la pièce à l'autre, et produit une dissonance très-sensible aux oreilles des personnes un peu exercées et attentives.

On verra dans la suite que la connaissance des tierces sert à distinguer les huit tons ou modes du Plain-Chant.

7. Il y a deux sortes de demi-tons majeurs, qui forment cependant les mêmes sons, savoir, le naturel et l'accidentel. Le naturel est placé du troisième au quatrième degré, ou de *mi* à *fa*, et du septième au huitième degré, ou de *si* à *ut*.

L'accidentel est produit par le bémol ♭, qui anticipe ces deux demi-tons du second au troisième, et du sixième au septième degré, c'est-à-dire de *ré* à *mi*, et de *la* à *si*. Il se forme, au contraire, un ton entier entre *mi* bémol et *fa*, ainsi que dans l'intervalle de *si* bémol à *ut*. (Voy. ces exemples au n.° 4 ci-devant.)

On voit par là que l'étendue des sept degrés de la gamme est de cinq tons et de deux demi-tons (majeurs), lorsqu'on y joint l'octave, qui, comme nous avons dit, est la répétition du premier degré.

8. Le demi-ton majeur accidentel est encore produit, quoique plus rarement, par le dièse ♯, qui hausse d'un demi-ton mineur la note devant laquelle il se trouve; de sorte qu'il ne reste plus

qu'un demi-ton majeur de cette note diésée à celle qui est immédiatement placée au-dessus.

Quoique le signe qui marque le dièse soit rarement employé dans le plain-chant ordinaire, on verra ci-après qu'il est bien des cas où la nature du chant exige qu'on dièse certaines notes, au point que les personnes les moins versées dans le chant exécutent le dièse sans le savoir.

CHAPITRE SECOND.

De l'Intonation des Notes.

Ceux qui veulent apprendre le plain-chant avec plus de facilité, doivent bien prendre garde de ne vouloir pas apprendre à entonner les notes avant d'avoir bien appris à les connoître; c'est pourquoi, après avoir mis une clef qui sera tantôt l'une, tantôt l'autre, il est bon de parcourir toutes les lignes et les espaces, en montant et en descendant; et lorsqu'on les nommera facilement de suite, il faut s'accoutumer à les nommer de ligne à ligne, d'espace en espace, jusqu'à ce que l'on soit prêt à nommer sur-le-champ chaque note, sur quelque ligne ou interligne qu'elle soit placée. (Voy. au chap. suiv. les art. des lignes et des clefs.)

ARTICLE 1.er — *Des Degrés conjoints.*

Celui qui veut apprendre à entonner les notes, ne doit pas d'abord les entonner sur les livres de chant; mais il doit s'accoutumer premièrement à entonner les degrés conjoints.

Exemples.

Art. 2. — *Des Intervalles.*

Quand on sait entonner les degrés conjoints, il reste à savoir entonner les intervalles, et cela est facile à apprendre dans les exemples suivans. (Voy. le n.° 5 du chap. 1er.)

Tierces.

Par tierces décomptées.

Ceux qui étudient ces intervalles ne doivent pas se presser; ils doivent bien apprendre ces premiers, qu'on appelle tierces, avant de passer aux seconds, qu'on appelle quartes, et ainsi des autres.

Quartes.

Quintes.

Sixtes.

Nota. Pour apprendre les notes sur les autres clefs, voyez l'art. 2 du chapitre suivant.

Quand on est bien sûr des principes de chant que l'on vient de donner, on continue à solfier sur des pièces de chant très-faciles. On choisit d'abord des antiennes à la clef d'*ut* sur la première ligne, ensuite des répons du premier ton qui est facile; de-là au sixième ton, à cause du bémol, et l'on ne quitte point cette clef de la première ligne jusqu'à ce qu'on la possède bien. On chante après sur la clef de la seconde ligne, sans bémol; ensuite on prend la même clef avec bémol; on passe ensuite à celle de la troisième ligne; après quoi on chante à la clef de *fa*, qui, dans le Parisien, n'est d'usage qu'à la seconde ligne.

Lorsqu'on est bien sûr de ses notes sur toutes les clefs, il faut commencer à placer les syllabes sous les notes. On choisit d'abord les pièces de chant les plus faciles, où il y a le moins de liaisons, afin de bien apprendre à dire une syllabe sous chaque note; mais il faut toujours chanter les notes avant les mots dans la même leçon. Lorsque, par le moyen de la note, on réussit à bien chanter les mots, il faut s'accoutumer peu à peu à les chanter sans note, et de cette manière on apprendra à chanter à livre ouvert; mais pour cela il faut bien faire attention à la position de la clef, au nom et au ton des notes, et sur-tout aux degrés où sont placés les demi-tons. (Voy. le n.° 7 du chap. 1er.)

Avant de chanter, il faut un peu connaître les différentes sortes de notes et leur valeur. (Voy l'art. 3 du chap. suiv.)

Exemple pour apprendre à placer les mots sous les notes.

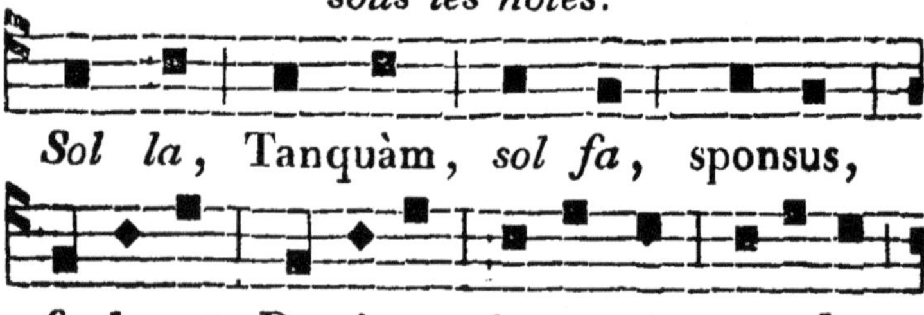

fa la ut, Dominus, *la ut si*, procedens,

Autre exemple pour apprendre à former des liaisons de plusieurs notes sous une seule syllabe.

sol sol la, Tanquàm, *sol sol fa*, spon-

sus, *fa la la ut*, Dominus, *ut la ut si*,

pro-ce- dens, *la sol fa sol la la*, de

tha- lamo, *sol la sol sol*, su- o.

Nota. On trouvera à la fin de l'ouvrage l'indication des pièces du Graduel et du Vespéral sur lesquelles il est à propos de s'exercer graduellement.

CHAPITRE TROISIÈME.

Des divers caractères ou figures qui servent à décrire le Plain-Chant.

CES caractères sont les lignes, les clefs, les notes carrées simples, les carrées à queue, les carrées doubles, les brèves, les demi-brèves, les petites barres, les grandes barres, les doubles barres, le bémol, le bécarre, le dièse et le guidon.

ARTICLE 1.er — *Des Lignes*.

Les lignes sont au nombre de quatre, auxquelles on peut en ajouter d'autres au-dessus et au-dessous, selon l'étendue de la pièce de chant, si l'on veut éviter le changement de clef, comme cela se voit dans les livres de chant à l'usage de Paris, et dans ceux de plusieurs autres diocèses.

ART. 2. — *Des Clefs*.

La clef, dans le chant, sert à fixer la note d'où l'on commence à décompter successivement toutes les autres. Il y en a deux :

1.° La clef d'*ut*, qui se pose sur les trois

premières lignes d'en haut ; 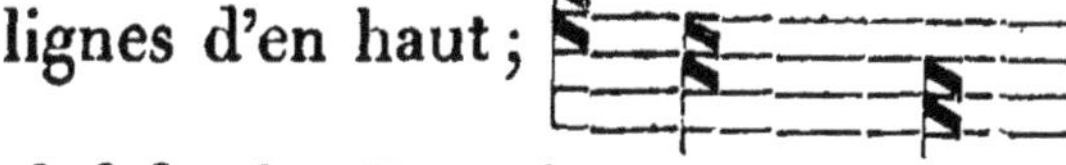

2.° La clef de *fa*, qui pourrait aussi se poser sur les trois premières lignes, mais qui, dans le parisien, n'est d'usage que sur la seconde ligne : placée sur la troisième ligne elle produirait le même effet que la clef d'*ut* sur la première ligne.

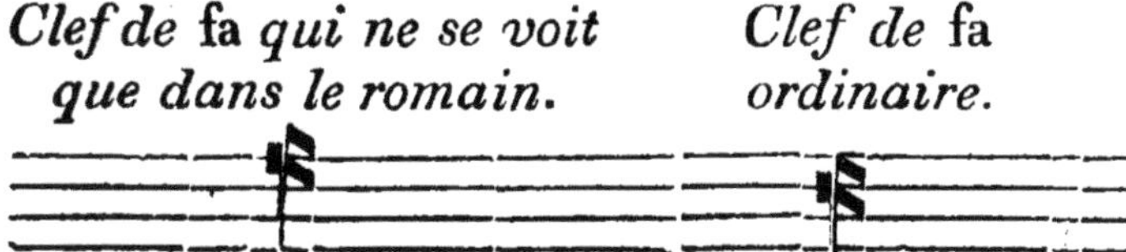

Clef de fa *qui ne se voit que dans le romain.* *Clef de* fa *ordinaire.*

Clef de fa *produisant l'effet de la clef* d'ut *sur la première ligne.*

Ré mi fa sol la si ut. Ré mi fa sol la si ut.

De ces clefs dépend la connaissance des notes, et c'est sur la ligne de leur position que l'on commence à décompter. On connaît cette ligne parce qu'elle passe au milieu du corps de la clef, c'est-à-dire, pour la clef d'*ut*, entre les deux carrées, comme cela se voit dans l'exemple ci-dessus : la ligne de la clef de *fa* se connaît de la même manière.

Au reste, on peut faire rentrer la plupart de ces clefs les unes dans les autres, ainsi qu'on peut s'en convaincre par les rapprochemens suivans.

1.° La clef d'*ut* sur la première ligne d'en-haut avec *si* bémol continuel, rentre dans la même sur la troisième ligne, par *si* naturel. (Voy. l'art. 5, du bémol.)

Si ut ré mi fa sol la si ut ré mi fa.

Fa sol la si ut ré mi fa sol la si ut.

L'ordre des tons et des demi-tons est absolument le même dans l'étendue de ces deux gammes, et le chant par conséquent est exactement le même. Si donc on était embarrassé pour chanter par la clef d'*ut* sur la troisième ligne, on pourrait, pour plus de facilité, s'imaginer que l'on chante par la clef d'*ut* sur la première ligne, avec *si* bémol continuel.

Exemple :

La clef d'*ut* sur la seconde ligne, avec bémol, peut se nommer clef de *sol*, vu que l'on peut dire *sol* sur la ligne de la clef, au lieu d'*ut*, et continuer en descendant *fa* sur l'espace où est le bémol, *mi* sur la ligne au-dessous, et ainsi du reste; et en montant dire sur la ligne de la clef, *sol;* sur l'espace au-dessus, *la;* et sur la ligne au-dessus, *si*, etc. Par là on procède suivant l'ordre naturel des tons et des demi-tons, et toute la différence qu'il y a alors entre la clef d'*ut* sur la première ligne et la même sur la seconde ligne, est que, dans la dernière, chaque note est élevée d'un degré au-dessus des notes de la première clef. Dans le chant romain, le 5.e ton est quelquefois noté sur la première clef d'*ut*.

Les deux clefs de *fa* usitées dans le plain-chant rentrent dans les deux premières clefs d'*ut*, pourvu que le *si* soit naturel dans ces dernières, et qu'il soit bémolisé dans les premières.

Si, au contraire, le *si* est naturel dans les clefs de *fa*, et qu'on suppose dans les deux premières clefs d'*ut* un dièse placé sur le *fa*, celles-ci rentreront pour lors dans les précédentes.

Fa

Fa mi ré ut si la sol fa mi.

Nota. Le *mi* placé immédiatement au-dessous de la clef de *fa* n'est jamais bémol. Le petit signe qui différencie cette clef de la clef d'*ut*, marque que le bécarre est invariable.

Autrefois la clef d'*ut* se posait encore sur la quatrième ligne, mais elle n'est plus d'usage maintenant sur cette même ligne : d'ailleurs elle rentre, sans aucune modification de tons ou de demi-tons, dans la clef d'*ut* sur la seconde ligne avec bémol, que l'on nomme aussi clef de *sol*, pour la raison qu'on a vue ci-devant.

Art. 3. — *Des Notes et de leur valeur.*

Il y a cinq sortes de notes, qui sont la carrée simple, la carrée à queue, la carrée double, la brève, et la demi-brève, qui est rare dans le Plain-Chant.

Les notes carrées simples marquent les syllabes longues; les carrées doubles marquent les syllabes plus longues; les carrées à queue marquent les syllabes un peu plus longues que celles qui sont placées sous les carrées simples : la queue augmente la note de la moitié de sa valeur, comme fait le point dans la musique.

On place ordinairement les notes carrées à queue devant les brèves.

Magni- ficat a-ni-ma me-a Do-minum.

Cette règle paraît fondée sur la nature même du chant, qui doit être plain, et dans lequel toutes les notes doivent représenter la même valeur. La note brève, qui vient après la longue, ayant une chute rapide qui fait précipiter la voix, il est naturel que la voix se relève et se soutienne davantage sur la note précédente, pour regagner d'un côté ce qu'elle perd de l'autre.

Quelquefois plusieurs carrées à queue servent à lier plusieurs notes sur une syllabe, lorsqu'elles forment des intervalles de tierce, quarte, etc.

La queue se met aussi sur la carrée double, pour la lier avec une autre note qui en est distante d'un intervalle de tierce, quarte, etc.

Exemple.

Sanc- tus.

Dans les livres de chant nouvellement imprimés à Paris on a supprimé les queues des notes qui ne servent à former liaison que d'une tierce, comme inutiles et embarrassant le chant.

Les carrées doubles, qui valent deux carrées simples, sont ordinairement placées avant la dernière note de l'intonation ou de la fin d'une pièce de chant. Elles s'emploient aussi dans le courant de certaines pièces, pour marquer les passages ou syllabes qui doivent être chantées plus longuement.

Les notes brèves, qui sont faites comme des losanges, se placent sous les syllabes dont la prononciation est sensiblement brève.

Dixit Do*mi*nus Do*mi*no me-o.

Dans cet exemple les syllabes *mi* sont brèves. Au contraire, les syllabes *do* et *me* sont longues en prose, quoique brèves d'après les règles de la quantité, vu que la première syllabe de tous les dissyllabes, et l'antépénultième de tous les autres mots dont la pénultième est brève, doivent se prononcer longues en prose.

Il serait à désirer que des syllabes essentiellement brèves ne fussent jointes qu'à une seule note, sur-tout dans les hymnes et proses; l'accumulation de plusieurs notes sur ces mêmes syllabes en alonge la prononciation, ce qui produit un effet désagréable aux oreilles des personnes instruites. Les rédacteurs du chant romain, et Lebeuf lui-même, rédacteur de celui de Paris, ont violé plus d'une fois les règles de la quantité. Il serait à souhaiter qu'une main habile entreprît de corriger ces fautes grossières que les personnes de goût se plaignent de trouver dans nos livres de chant.

Voici quelques hymnes où se trouvent des fautes de cette nature à corriger.

Hymne de Complies, qui devrait être notée ainsi qu'il suit :

Hymne des Vêpres des Dimanches au Temps Pascal, qui devrait être ainsi notée :

Hymne des Vêpres de S. Pierre et S. Paul.

Hymne des Matines de Noël, devant être ainsi notée :

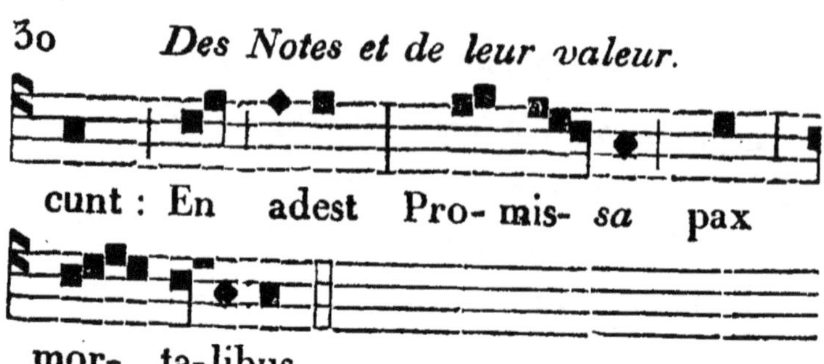

Il reste maintenant à parler de la demi-brève.

Elle se place immédiatement après une brève sur laquelle la voix s'appuie un peu plus que sur la demi-brève. Souvent cette demi-brève n'est pas marquée autrement que la brève qui la précède; mais la bonne prononciation exige que l'on passe plus rapidement la seconde brève que la première, sur laquelle on appuie par conséquent tant soit peu, relativement à la seconde qui la suit immédiatement.

Faites sentir les syllabes *pi*, *bi* et *be*, un peu plus que celles qui les suivent immédiatement.

Nota. Dans quelques nouvelles éditions in-12 du chant parisien, les notes sont quelquefois pointées. Ce point marque une prolongation de voix et un petit repos : par exemple, après chaque vers d'une hymne ou d'une prose, dans le courant du neume qui se chante à la fin des antiennes de Laudes ou de Vêpres, etc.

Exemples.

Neume du 1.er ton.

Art. 4. — *Des Barres* ⫲ ⫲ ⫲ ⫲ ⫲.

Les barres sont des lignes perpendiculaires que l'on place entre les notes; savoir, les lignes courtes pour séparer les mots, ou pour marquer la mesure d'une prose, ainsi que cela se voit fort à propos dans le chant parisien. (Voy. la prose de Noël notée à la fin de cet ouv.)

Les lignes longues se placent après chaque vers d'une hymne ou d'une prose, ou pour marquer un repos, afin de ne pas fatiguer la respiration des chantres.

Les lignes doubles se placent soit après chaque intonation, soit pour séparer un graduel, un *alleluia* ou un verset de leur répons, et généralement les passages d'une pièce qui se chantent successivement par différentes personnes, comme dans les *Kyrie*, *Gloria*, *Traits*, *etc.*

Art. 5. — *Du Bémol* ♭.

L'effet du bémol est d'adoucir la voix sur la note où il se rencontre, en déplaçant le siége d'un demi-ton, et en l'anticipant de *la* à *si* ou de *ré* à *mi* en montant, et par la même raison en l'abaissant de *mi* à *ré* et de *si* à *la* en descendant. Le bémol est continuel ou accidentel. Il est continuel quand il est placé à la clef de chaque portée d'une pièce de chant : le bémol continuel n'est d'usage qu'à la clef d'*ut*, et non après celle de *fa*, qui, comme nous l'avons dit, porte avec elle son bécarre fixe et invariable.

On a vu que la clef d'*ut* sur la seconde ligne peut se nommer clef de *sol*. (Voy. à l'art. second ce que nous avons dit touchant cette même clef.)

Le bémol est accidentel lorsqu'il est placé seulement devant un ou plusieurs *si*, et alors les autres conservent leur ton naturel.

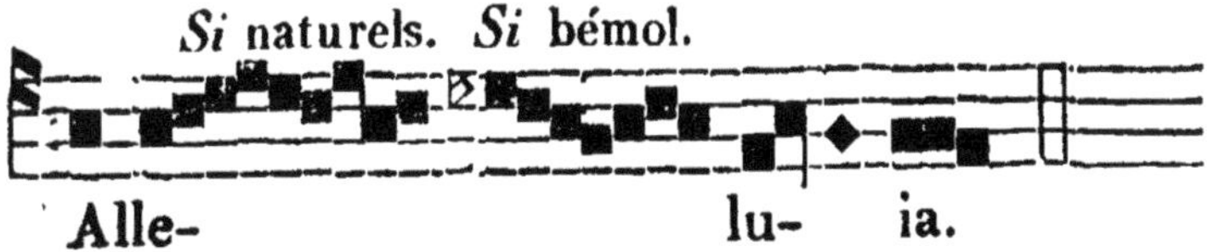

Il se trouve beaucoup de pièces de chant où le *si* est bémol, quoiqu'il ne soit pas marqué : l'oreille en décide ; il y a pourtant des règles générales qui enseignent les occasions où doit se faire le changement de *si* naturel en *si* bémol.

1.° Le *si* doit être ordinairement bémolisé après ces notes, *fa sol la*, parce qu'autrement la modulation de ces quatre notes ou degrés serait désagréable, n'étant composée que de tons pleins.

2.° On bémolise le *si* quand les notes sont ainsi disposées : *Fa la si la, ut ré ut la si la, fa sol la sol si la, etc.* Voici quelques exemples qui pourront servir de règles à cet égard.

Art. 6. — *Du Bécarre* ♮.

Le bécarre sert à détruire l'effet du bémol, c'est-à-dire à remettre le *si* ou le *mi* dans son ton naturel. On peut dire que le bécarre est continuel quand le bémol est accidentel ; et réciproquement, qu'il est accidentel quand le bémol est continuel ; de sorte que, lorsqu'il y a un bémol à la clef, et que l'on trouve un bécarre placé devant un *si* dans le cours de la pièce, vous rendez au *si* bémol son ton naturel ; ensuite on retourne au bémol s'il n'y a pas d'autre bécarre. Mais si dans une pièce de chant le bémol n'est qu'accidentel, comme il n'a de force que sur le *si* qui le suit immédiatement (et sur les autres qui forment une liaison avec le premier, et dont la position est à-peu-près la même relativement aux autres notes qui les accompagnent), tous les autres *si* retiennent alors leur ton, sans qu'il soit besoin de marquer le bécarre, puisque chanter en *si* naturel ou par bécarre est la même chose.

Exemple.

Néanmoins on met ordinairement un bécarre après le bémol accidentel, pour marquer qu'il faut retourner en *si* ou en *mi* naturels.

Exemple.

Exemple d'un seul bémol accidentel pour plusieurs si *devant être bémolisés.*

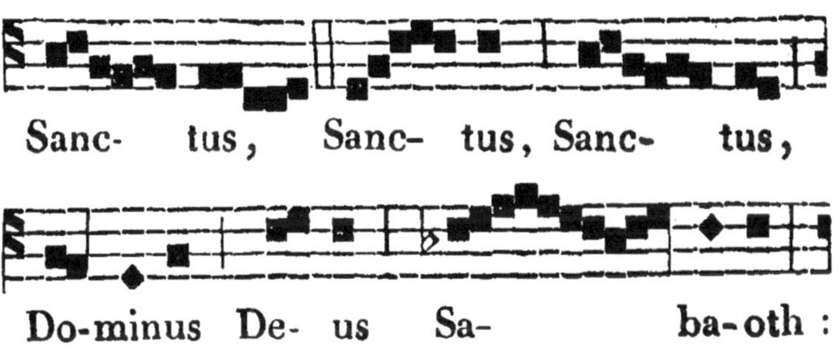

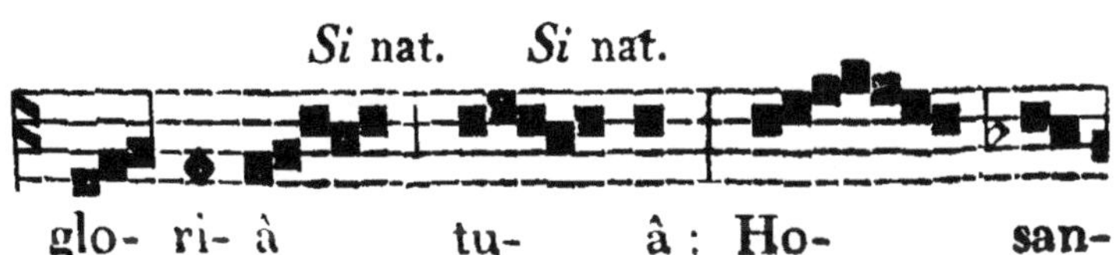

Si b. *Si* b.

na in ex- cel- sis.

Nota. Le *si* est ordinairement bécarre ou naturel dans ces notes *ut ré ut si ut*, *sol ut si ut*, et généralement quand il est placé entre deux *ut* dont le dernier ne monte pas de suite au *ré*. Ainsi, quoiqu'on n'ait pas marqué le bécarre dans les passages suivans où le bémol est continuel, on doit cependant chanter le *si* naturel entre deux *ut*.

Si nat.

So- lem- nis hæc fes-ti- vi-tas....
Chris-tus scan- dens in æ-the-ra....

Si nat.

Indu- ant jus- ti- ti- am....
It in su- am re-qui- em....

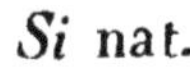

Art. 7. — *Du Dièse* ♯.

Le dièse hausse d'un demi-ton mineur la note sur laquelle il est placé, et sur laquelle le bémol et le bécarre n'ont pas d'action dans le plain-chant. L'*ut* et le *fa* sont les notes les plus sujettes à être diésées. De *ré* à *ut* dièse il y a un demi-ton majeur, ainsi que de *la* à *sol* et de *sol* à *fa* dièses ; il se forme, au contraire, un ton d'*ut* dièse à *si* naturel, et de *fa* dièse à *mi* naturel. (Voy. le chiffre 8 du chap. 1er.)

Voici quelques pièces de chant où le dièse devrait être marqué comme il suit :

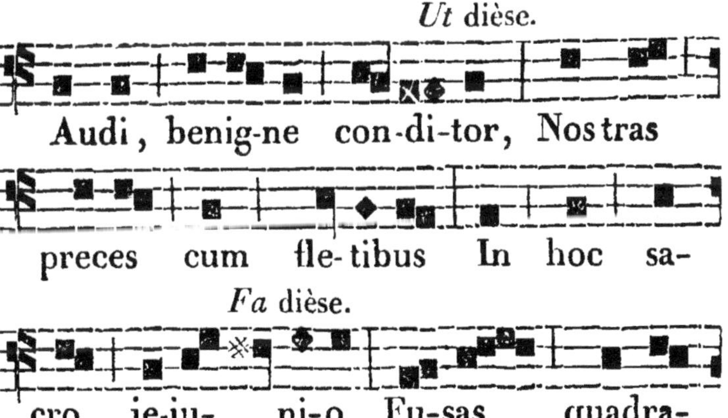

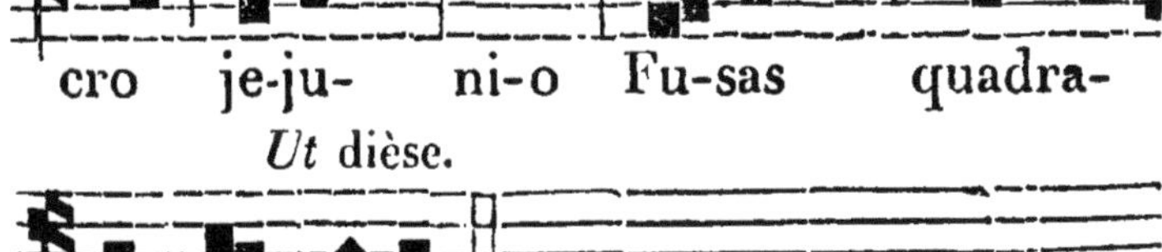

Fa dièse.
Ve-ni, Cre- a- tor.... Quæ tu cre-

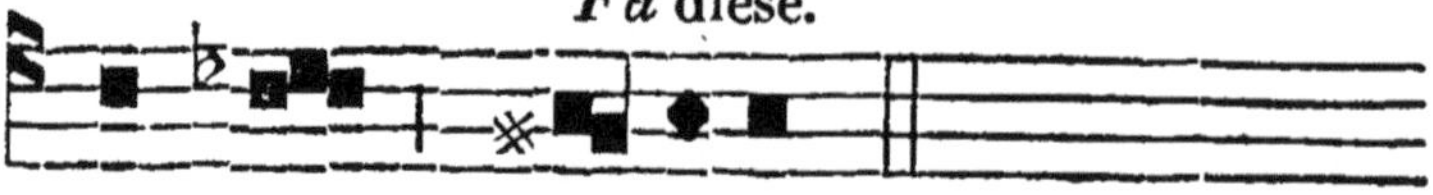

Fa dièse.
as- ti pec-to-ra.

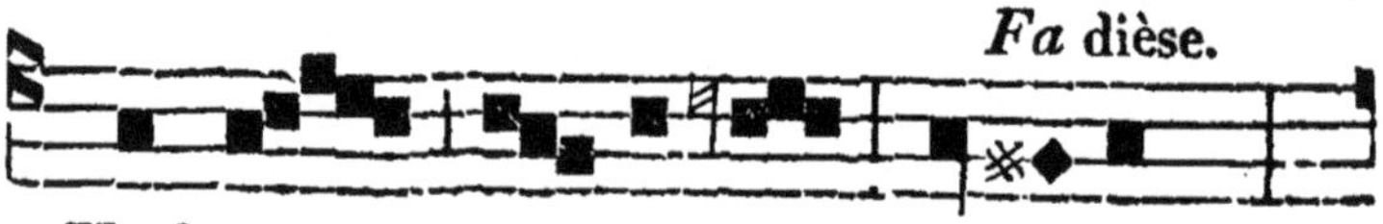

Fa dièse.
Verbum su- pernum pro- di- ens....

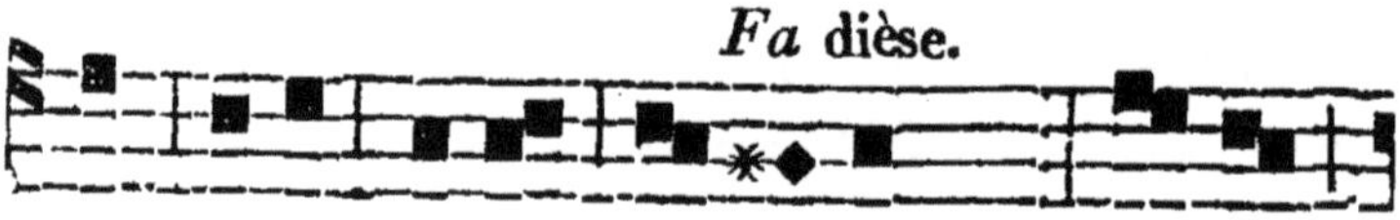

Fa dièse.
Ad opus su-um e- xi- ens.... Vi- tæ

Fa dièse.
ves- peram.

La note antépénultième de presque toutes les strophes de la prose du Saint Sacrement doit être diésée :

Exemple.

Lauda, Si- on, sal-vatorem, Lauda du-

cem et pas-to-rem In hymnis et

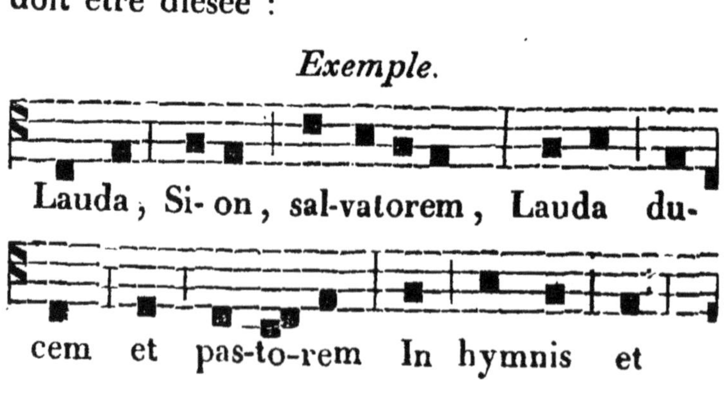

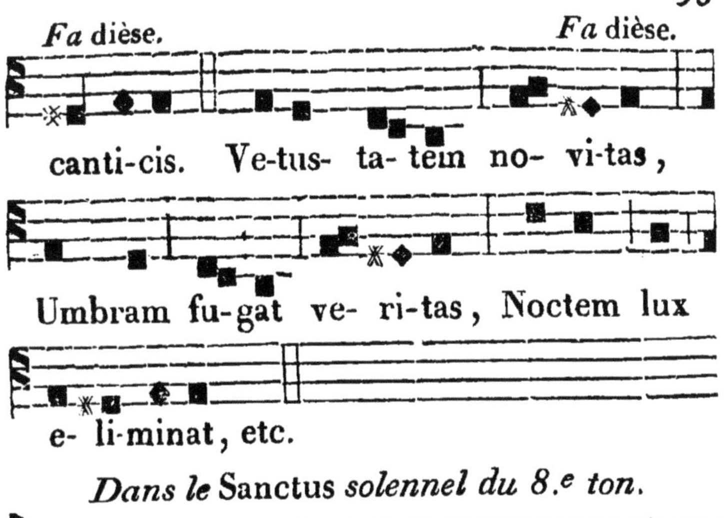

Dans le Sanctus *solennel du 8.^e ton.*

Dans le Gloria *des doubles-majeurs.*

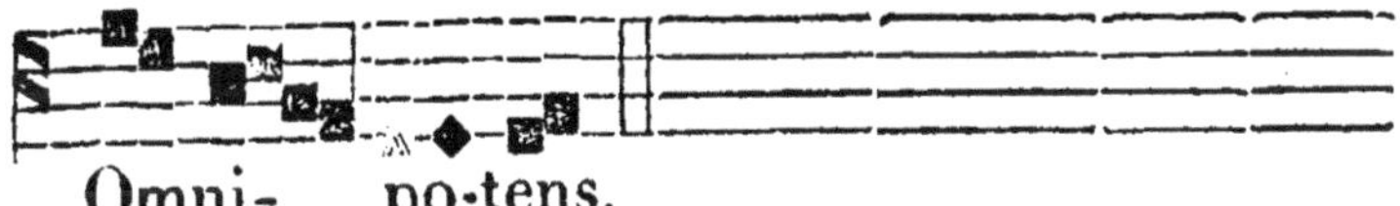

La fin de presque tous les articles du *Credo* ordinaire devrait aussi être diésée.

Le chant de l'hymne *Verbum supernum, etc.*, pour être noté sans dièse, pourrait être ainsi transposé :

Verbum su- pernum pro- di- ens,

(A Rome.)

Super- num pro-di-ens, Nec Patris lin-

quens dexte-ram, Ad opus su-um e-

xi-ens, Venit ad vi- tæ ves-

peram.

Veni, Creator, *sans dièse, transposé.*

Ve- ni, Cre- a-tor Spi- ri-tus; Men-

tes tu-orum vi-si-ta; Imple su-

pernâ gra-ti- â Quæ tu cre- as- ti

pec-tora.

Prose Lauda, Sion, etc., *sans dièse, transposée.*

Lauda, Si- on, salva-torem, Lauda ducem

et pasto- rem In hymnis et canti-cis.

Ve- tusta- tem no- vi-tas, Umbram fu-

gat ve- ri-tas, Noctem lux e-limi-nat.

A su-men-te non conci- sus, Non con-

fractus, non divi-sus, In-teger ac-

cipi-tur.

Hymne, Audi, benigne, etc., *sans dièse, transposée.*

Credo, *du 4.e ton, sans dièse, transposé.*

Sanctus *solennel sans dièse, transposé.*

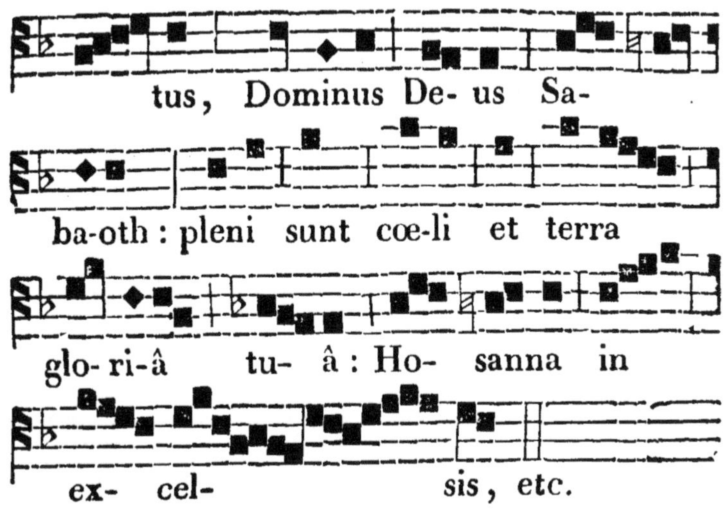

Dans les répons qui précèdent la Préface, et vers la fin de chaque phrase du chant de la Préface elle-même, on fait l'*ut* dièse.

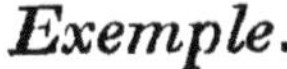
Exemple.

Dans le *Te Deum* parisien, le demi-ton inférieur est anticipé du *sol* au *fa* dièse.

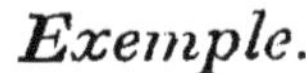
Exemple.

lo- rum.

Le déplacement du semi-ton inférieur fait rentrer ce chant du *Te Deum* dans le quatrième transposé. (Voy. art. des tons transposés.) Il serait noté plus naturellement par la clef d'*ut* sur la seconde ligne, où la dominante serait placée sur le *ré*.

u- te-rum.

Nota. Le *sol* est aussi dièse dans l'hymne de None aux fêtes doubles.

Différences du Bémol, du Bécarre et du Dièse.

Il résulte, d'après ce que nous venons de dire touchant ces trois figures du chant,

1.° Que le bémol baisse le *si* ou le *mi* d'un demi-ton mineur, tandis que le dièse hausse, au contraire, d'un demi-ton mineur une note non bémolisée ;

2.° Que le bécarre hausse également d'un demi-ton mineur seulement une note bémolisée, c'est-à-dire le *si* ou le *mi*. (Voy. le n.° 4 du chap. 1er.)

Art. 8. — *Du Guidon*.

Le guidon est un petit signe qui se met à la fin d'une portée, pour indiquer la première note de la portée qui suit, étant placé sur le même degré. Le guidon ne se chante point. Il est bon de fixer ce signe, afin de prévoir d'avance la note qui vient après, sur-tout au bas de la page pour passer à la suivante, sans être exposé à mettre de l'interruption dans le chant ou à perdre le fil des notes.

Le guidon aide encore à passer d'une clef à une autre, en marquant la première note de la nouvelle clef relative à la précédente. C'est ce qu'un exemple rendra sensible.

Ut si la, ut ré mi ré ut la, ut ré mi fa sol.

Cet exemple fait voir que le premier guidon, placé deux notes au-dessus du *la* de la première clef d'*ut*, annonce que la première note de la clef suivante est *ut*, et qu'il faut l'élever de deux degrés. Il en est de même du second guidon, relativement à la troisième clef d'*ut*.

Au reste les changemens de clef, si fréquens dans le chant romain, sont très-rares dans le chant parisien et autres livres de chant modernes, dans lesquels on monte et on descend successivement au moyen d'autres lignes ajoutées, sans que la clef change de nom ou de position.

CHAPITRE QUATRIÈME.

Des Crochets ou Périélèses.

Depuis long-temps l'usage de Paris et autres diocèses est d'entonner presque toutes les pièces de chant avec une certaine cadence vulgairement nommée *crochet*, et que les maîtres de chant appellent périélèse ou circonvolution, parce que les deux premières notes de cette cadence tournent pour ainsi dire autour de la dernière, par où se termine l'intonation. Elle se rencontre aussi fréquemment dans les versets des répons et des *alleluia*. Cette cadence est un intervalle de tierce ou de trois degrés, suivi de la note intermédiaire de ces trois degrés.

On voit que l'intervalle de tierce est majeur ou mineur, droit ou inverse, suivant l'ordre des degrés où il se rencontre. Cette cadence servait encore autrefois à organiser ce que l'on appelait le déchant, en latin *discantus*, c'est-à-dire chant à deux parties. A Autun, par exemple, le jour de saint Lazare, patron de la cathédrale, deux choristes entonnaient ainsi l'Introït :

pendant que deux autres l'entonnaient de la manière suivante :

On voit que le chant de la note pénultième de cette intonation est double, et forme un accord de tierce sur la syllabe *mus,* au moyen de *si* et *sol* qui se chantent en même temps.

Ces sortes d'accords étaient fréquens dans l'ancien chant, sur-tout aux fêtes solennelles; mais ils étaient ordinairement exécutés par des enfans de chœur, et jamais par tout un chœur à la fois. Bien des personnes trouvent étrange qu'à Paris on ne réponde pas aux versets qui suivent les hymnes de Laudes et de Vêpres, et dont le chant est terminé par ce qu'on appelle neume ou traînée de notes. Le déchant fait peut-être connaître la raison de ce silence. Ces versets finissant par une périélèse, et le chœur autrefois n'exécutant jamais cette cadence, il répondait secrètement, afin de n'être pas obligé de chanter la seconde partie du verset autrement que les clercs n'avaient fait la première.

Revenons à l'emploi qu'on fait aujourd'hui de la périélèse. L'usage de Paris et de plusieurs diocèses est, comme nous avons dit, de tout entonner avec crochet, excepté les pièces dont nous parlerons ci-après. On n'a pas marqué la périélèse au commencement des antiennes de Vêpres, parce que tout le chœur, reprenant après le psaume l'antienne sans imposition ou intonation, ne fait pas le crochet. Celui qui impose l'antienne avant le psaume, doit donc savoir la manière de suppléer ce crochet qui manque au commencement des antiennes; elle consiste ordinairement à ajouter deux notes avant la dernière de l'imposition ou intonation de l'antienne, l'une au-dessus et l'autre au-dessous de cette dernière note : cela se concevra mieux par des exemples.

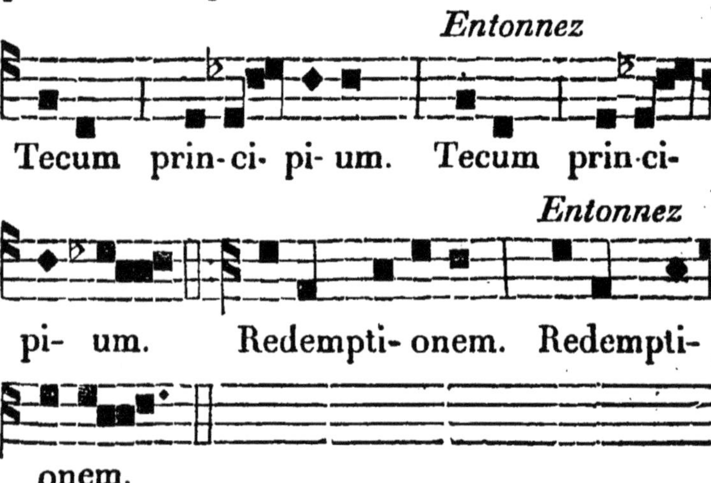

Il est des cas où l'on termine l'imposition par la demi-cadence appelée *diaptose*, et d'autres où l'on ajoute ou on retranche une note ou deux, afin d'exécuter la cadence pleine et entière : c'est ce que les exemples feront mieux sentir que les règles qu'on pourrait établir là-dessus.

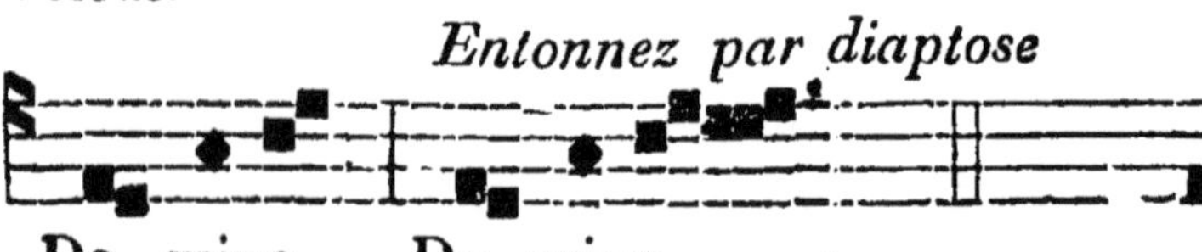

Do- mine. Do - mine.

On voit par ces différens exemples qu'il faut toujours terminer le crochet ou le demi-crochet par la dernière note de l'intonation marquée sur le livre, et qui précède immédiatement les deux barres, afin que celui qui doit entonner le psaume puisse se régler sur cette dernière note, en observant sa position relativement à la première de l'intonation du psaume.

Voici les pièces de chant dont l'intonation se fait sans périélèse :

1.° Le *Te Deum* et le *Veni, Creator ;*

2.° Toutes celles qui font partie de l'Office des Morts ;

3.° Il seroit encore très-à-propos de la supprimer dans celles qui ont un chant mesuré, comme au commencement des hymnes et des proses, dont elle rompt la mesure ; ce qui devrait sur-tout avoir lieu quand une ou deux voix seules chantent toute une strophe, vu que le crochet devient alors inutile, son but étant ici d'avertir le chœur de poursuivre après l'intonation.

Dans quelques nouvelles éditions du chant parisien, on a encore supprimé toutes les periélèses si fréquentes dans les versets des graduels, des *Alleluia* et des répons, excepté celles qui précèdent immédiatement l'endroit où le chœur doit reprendre.

Il est même des personnes qui suppriment partout les crochets ou périélèses, parce qu'elles en trouvent le chant un peu lourd et monotone : ce qu'elles font en retranchant les deux notes placées avant la dernière du crochet, c'est-à-dire en faisant le contraire de ce qu'on pratique pour suppléer la périélèse lorsqu'elle n'est pas marquée. La tenue ou prolongation de la voix sur les dernières notes de l'intonation indique alors la reprise du chœur.

CHAPITRE CINQUIÈME.

Des huit Tons ou Modes du Plain-Chant.

ART. 1er. — *Tons réguliers.*

IL y a huit Tons ou modes dans le plain-chant. Ces Tons servent à en faire distinguer les différentes modulations; et cette variation est pour exprimer les passions de l'ame dans les choses spirituelles.

Il y a quatre Tons principaux, qui sont le premier, le troisième, le cinquième, et le septième, que l'on nomme impairs, dont les pairs tirent leur source.

Les impairs se nomment aussi Tons supérieurs, parce que leur portée ou note dominante est très-élevée au-dessus de leur finale; et les pairs, au contraire, se nomment inférieurs, parce que leur dominante est moins élevée au-dessus de la finale que celle des impairs, et que leur étendue est presque égale au-dessus et au-dessous de cette même finale. Voici les noms anciens et modernes de tous les noms pairs et impairs.

Le 1.er, chant dorique. *Gravis.*
Le 2.e, sous-dorique. *Tristis.*
Le 3.e, phrysique. *Mysticus.*
Le 4.e, sous-phrysique. *Harmonicus.*
Le 5.e, lydien. *Lætus.* (On le rend triste ou joyeux, quand on veut.)
Le 6.e, sous-lydien. *Devotus.*
Le 7.e, mixo-lydien. *Angelicus.*
Le 8.e, sous-mixo-lydien. *Perfectus.*

Ces huit Tons ou modes peuvent se diviser en majeurs et en mineurs. Les modes majeurs sont ceux dont la tierce, placée immédiatement au-dessus de et y compris la finale, est majeure, c'est-à-dire formée de deux tons entiers. Les cinquième, sixième, septième et huitième Tons sont majeurs. Les modes mineurs sont ceux dont les deux degrés placés immédiatement au-dessus de la finale n'embrassent qu'un intervalle d'un ton et demi, ou, en d'autres termes, finissent par une tierce-mineure: les quatre premiers Tons sont des modes mineurs. Dans le premier et le second, la tierce-mineure est droite; mais elle est inverse dans le troisième et le quatrième. (Voy. 6, chap. 1er.)

Les septième et huitième Tons dégénèrent quelquefois en modes mineurs par la rencontre du bémol, qui baisse l'intervalle du premier au second degré de la tierce finale, d'un demi-ton mineur.

Il n'y a, à la rigueur, que trois modes primitifs, parce que toute pièce de chant ou de musique se termine nécessairement, ou par une tierce-majeure, ou par une tierce-mineure droite, ou par une tierce-mineure inverse. C'est ce qui fait que le septième Ton, et le huitième, qui en dérive, étaient appelés par les anciens mixo-lydiens, c'est-à-dire mêlés avec le lydien, qui finit par une tierce-majeure, ainsi que les deux précédens, et qui n'en diffère que par la position des deux demi-tons, dont l'inférieur, ou celui qui est au-dessous de la finale, est placé immédiatement au-dessous de cette finale dans le cinquième mode, tandis que dans les septième et huitième modes, il y a un intervalle d'un ton entier entre cette finale et le demi-ton : mais en compensation le demi-ton supérieur placé au-dessus de la dominante, se trouve un degré plus tôt dans les septième et huitième modes que dans le cinquième.

Voyons maintenant la manière de connaître ces différens Tons.

Chaque Ton se connaît par la finale et par la dominante. La finale d'un Ton est la dernière note qui finit la pièce de chant. Dans les répons, la finale n'est pas celle qui termine le verset, mais bien celle de la réclame. De même dans un psaume, ce n'est pas toujours la note finale de ce psaume qui est la vraie finale du Ton, mais c'est celle de l'antienne.

La dominante d'un Ton est la note sur laquelle

roule le plus la modulation du chant, et non celle qui est la plus haute.

Il faut remarquer qu'une même finale sert à deux Tons différens : *ré*, pour le premier et le second; *mi*, pour le troisième et le quatrième; *fa*, pour le cinquième et le sixième; *sol*, pour le septième et le huitième.

Si quelques pièces de chant se terminent par d'autres notes que celles ci-dessus, ces notes ont la même valeur et produisent le même effet, comme on verra à l'article des Tons transposés.

Pour pouvoir distinguer plus facilement les Tons pairs d'avec les impairs, il faut savoir que ceux-ci peuvent aller à huit notes et plus, au-dessus de leur finale, et ne vont ordinairement qu'à une seule au-dessous; et que les pairs ne montent guère que cinq ou six notes au-dessus de leur finale, mais peuvent descendre trois ou quatre au-dessous, et même davantage. Voici les dominantes des Tons non transposés.

1.er, 2.e, 3.e, 4.e, 5.e, 6.e, 7.e, 8.e,
la, fa, ut, la, ut, la, ré, ut.

Lorsqu'une pièce de chant s'élève à plus de six notes au-dessus de sa finale, et descend plus d'une au-dessous, elle tient de l'impair et du pair. Pour lors ce Ton est appelé mixte, et est regardé comme impair. Le septième et le huitième, mélangés dans les offertoires de l'Annonciation et de l'Assomption, Graduel de Paris, sont cependant regardés comme étant du huitième, parce que la modulation de ces chants roule le plus souvent au-dessous de leur finale, ce qui ne convient pas au septième Ton.

Notes et clefs affectées à la modulation des Tons réguliers non transposés.

ART. 2. — *Tons transposés.*

Les Tons transposés diffèrent des non transposés, par la position de leurs demi-tons et par la clef. Parmi les modes mineurs, le premier, le deuxième et le quatrième sont quelquefois transposés; parmi les majeurs, le cinquième et le sixième le sont ordinairement.

Le premier mode transposé a pour dominante *mi*, et pour finale *la* A; le semi-ton supérieur, ou au-dessus de la dominante, y est placé immédiatement au-dessus de cette dominante; au lieu que dans le premier non transposé, le siége du demi-ton n'est placé qu'après un degré au-dessus de la dominante.

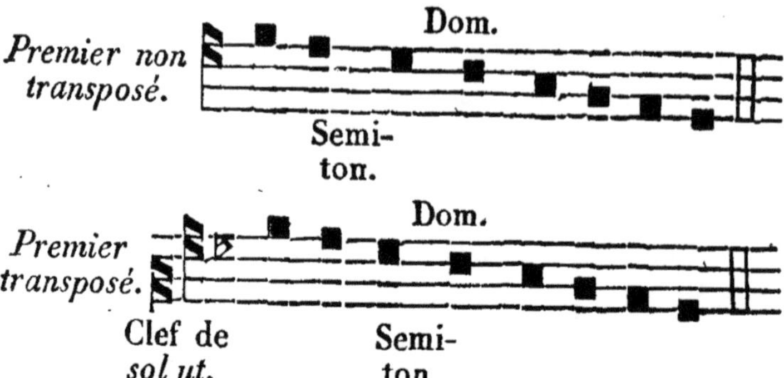

Le second mode transposé a pour dominante *ut*, et pour finale *la* A. Le semi-ton supérieur, ou au-dessus de la dominante, y est placé du troisième au quatrième degré en partant de la dominante, tandis que, dans le non transposé, ce n'est que du quatrième au cinquième degré que se trouve le demi-ton supérieur; mais c'est tout le contraire pour le demi-ton inférieur ou au-dessous de la finale.

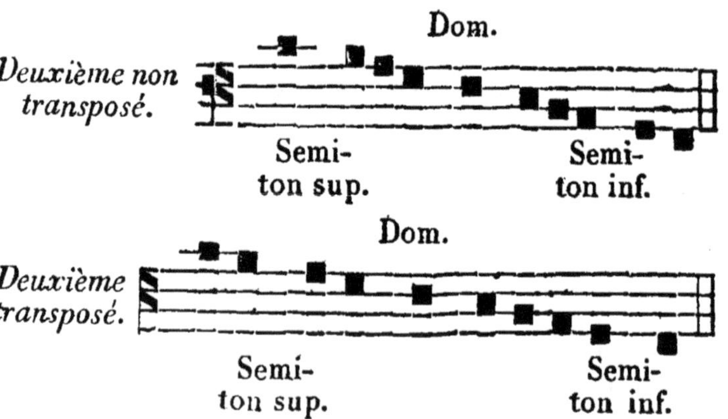

Le quatrième transposé a pour dominante *ré*, et se termine en *la* A. Il diffère du non transposé en ce que, dans celui-ci, le semi-ton au-dessous de la dominante précède immédiatement la finale, au lieu que dans le transposé il est ordinairement placé un degré plus haut.

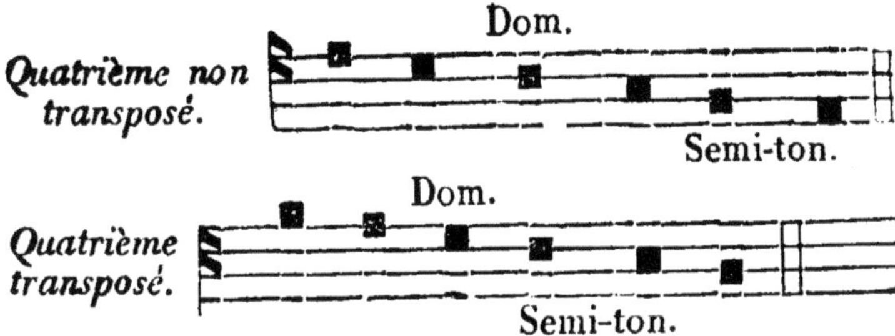

Il y a un autre quatrième Ton transposé, noté à la clef d'*ut* sur la troisième ligne, et dont, par conséquent, le semi-ton supérieur est placé immédiatement au-dessus de la dominante *mi*. (Voy. chap. 3, art. 2, les détails sur la troisième clef d'*ut*.)

Le quatrième Ton transposé de cette manière, se voit dans l'Invitatoire et le psaume *Venite, exultemus* des Matines de Noël.

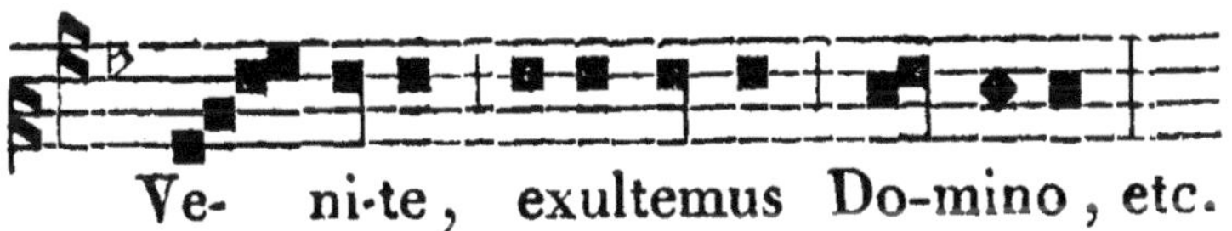

Le cinquième et le sixième modes sont presque toujours transposés. On les marque alors par C, vu qu'ils sont censés se terminer en *ut*, qui répond au C des anciens, comme *la* répond à A. (3, chap. 1er.) La dominante du cinquième Ton transposé est *sol; mi* est la dominante du sixième aussi transposé. Lorsque le cinquième et le sixième modes ne sont pas transposés, ils se terminent en *fa* ou F. Dans ces derniers, le semi-ton d'en-haut ne siége ordinairement que dans l'intervalle du troisième au quatrième degré au-dessus de la finale; mais dans les précédens, il est le plus souvent placé du second au troisième degré.

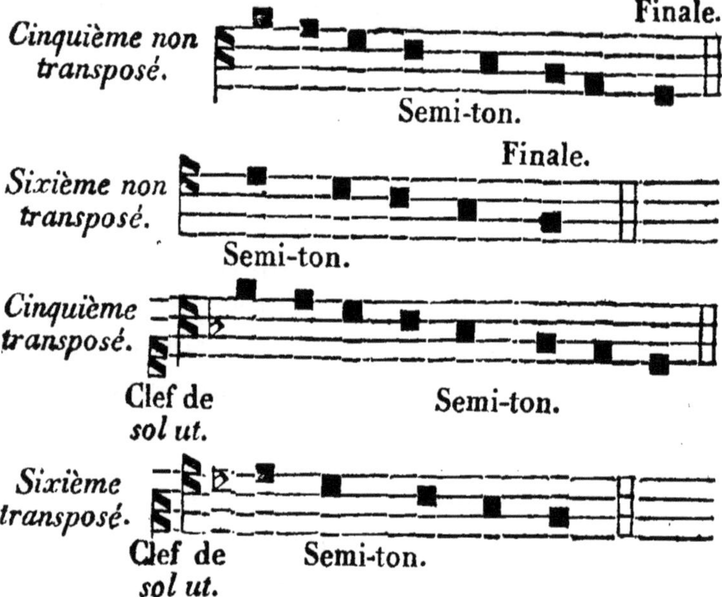

Nota. Ce que nous avons dit touchant la position respective des demi-tons dans les modes transposés et non transposés doit s'entendre, sauf les changemens que le bémol ou le bécarre accidentels peuvent y apporter.

Art. 3. — *Des Tons irréguliers.*

On appelle Tons irréguliers ceux qui n'ont pas l'étendue ordinaire des réguliers, et dont la portée ou dominante n'est pas la même que dans ces derniers. Ainsi, par exemple, le *Sanctus* et l'*Agnus Dei* des Messes des Morts à l'usage de Rome sont du huitième irrégulier, car la dominante du huitième régulier est *ut*, et le chant de ces pièces ne s'élève pas au-dessus du *si*.

Les mêmes pièces notées à l'usage de Paris sont aussi irrégulières, puisque la dominante du *Sanctus*, qui est du quatrième Ton, ne s'y élève qu'un degré au-dessus de la finale, tandis que, dans le quatrième régulier, la dominante est élevée trois notes au-dessus de la finale. De plus il est transposé, parce que la finale du quatrième non transposé est *mi*; au lieu que le *Sanctus* dont nous parlons se termine en B, *si*, quoique du reste la modulation de *fa mi* soit la même que celle d'*ut si* (naturel).

Le chant de l'*Agnus* est un sixième Ton aussi irrégulier, puisque la dominante du sixième régulier a son siége deux degrés au-dessus de la finale, et que dans l'*Agnus* ci-dessus la finale et la dominante se confondent. Il est de plus transposé, s'il est noté par la clef d'*ut* sur la troisième ligne.

Nous remarquerons en passant que ces pièces doivent être chantées sur un ton très bas, leur portée ou étendue ne se développant que dans la partie inférieure de la gamme.

De tous ces Tons, réguliers, transposés et irréguliers, dépendent les différentes intonations des psaumes; ils en règlent aussi la médiation; mais la finale varie selon que commencent ces Tons dans les antiennes : c'est ce qu'on verra ci-après.

CHAPITRE SIXIÈME.

Des règles de la Psalmodie parisienne, ou manière de chanter l'intonation, la médiation et la terminaison des Psaumes.

1.° L'INTONATION est solennelle ou simple: elle est solennelle à toutes les fêtes annuelles, solennelles, doubles, et les dimanches, dans le premier verset de chaque psaume. Lorsque la fête est annuelle ou solennelle, l'intonation est solennelle dans tous les versets des cantiques évangéliques de Laudes et de Vêpres.

2.° Elle est simple dans les fêtes semi-doubles, simples, et féries, aux petites heures des fêtes doubles et à l'Office des Morts, au premier verset des psaumes, et solennelle seulement au premier verset des cantiques évangéliques, *Magnificat* et *Benedictus*, lorsque la fête est semi-double. Par-tout ailleurs elle est simple, soit dans les psaumes, soit dans les cantiques évangéliques.

L'intonation simple commence de suite par la dominante du psaume.

La solennelle commence autrement que par la dominante, comme on verra ci-après.

On appelle médiation la fin de la moitié d'un psaume qui précède le repos ou la médiante marquée par un astérisque *.

Cette médiation est simple ou demi-composée.

Elle est simple quand elle est continuée sur la même note, et qu'elle ne sort point de la dominante, comme dans le sixième Ton.

Elle est demi-composée quand la pénultième syllabe est relevée d'une note au-dessus de la dominante, ou que le mot, étant grec, hébreu, barbare, ou monosyllabe, est relevé dans sa dernière syllabe, un ton ou degré au-dessus de la dominante, comme dans les deuxième, quatrième, cinquième et huitième Tons ; si la pénultième des mots latins est brève, on relève la syllabe précédente : dans le premier Ton, la pénultième ou antépénultième syllabe descend au lieu d'être relevée.

Médiations ordinaires.

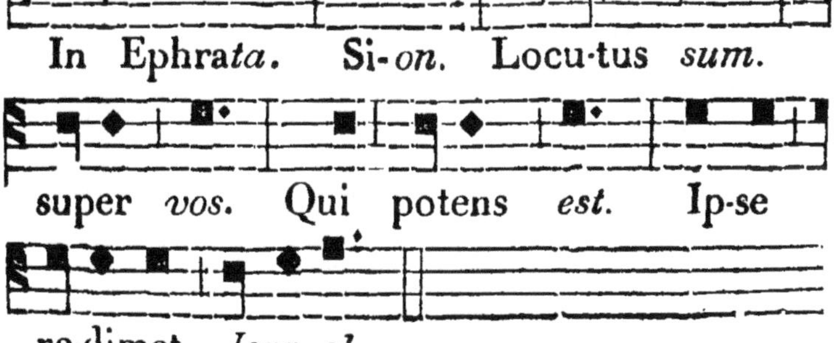

Dans les troisième et septième Tons on ne relève pas la médiation (non plus que la terminaison) sur la dernière syllabe d'un mot, et encore moins sur une pénultième ou antepénultième qui serait brève. Ainsi on doit chanter :

On peut relever la médiation et la terminaison sur un monosyllabe.

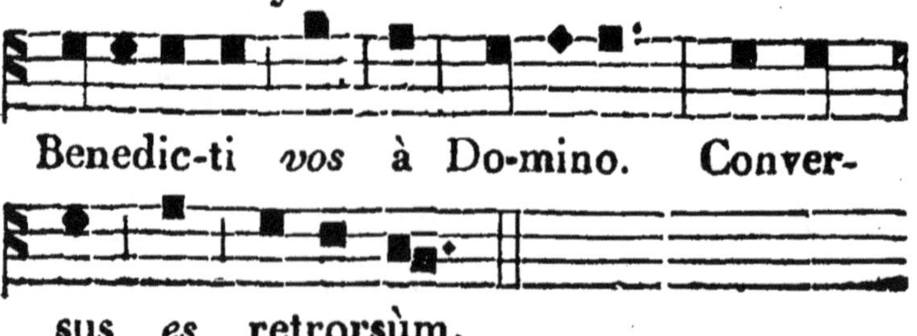

Nous avons déjà remarqué que la dernière syllabe d'un mot, suivie d'un monosyllabe, se prononce brève en prose. Ainsi, l'inflexion de la médiation du premier Ton ne doit pas se faire sur cette syllabe, mais sur la précédente, pourvu que celle-ci soit longue.

Qui qu*æ*r*unt* te. Su*per* vos.

Quand la médiation se termine par deux monosyllabes, ils équivalent pour lors à un mot de deux syllabes, et on relève la médiation sur le premier aux deuxième, quatrième, cinquième et huitième Tons.

Clamabit *ad* me. Ange-lis su-is

mandavit *de* te. Mandavit *de* te.

Nota 1.° Dans les tons impairs, l'intonation et la médiation des cantiques évangéliques sont les mêmes que celles des psaumes; mais dans les tons pairs, quelquefois l'intonation, et toujours la médiation, sont différentes.

Nota 2.° Dans le cantique évangélique de Complies, *Nunc dimittis, etc.*, l'intonation n'est jamais solennelle qu'au premier verset; mais la médiation l'est aux fêtes doubles : aux autres fêtes elle se fait comme dans les psaumes.

La terminaison des psaumes et cantiques

évangéliques est un chant varié comme l'intonation et la médiation, dont les différentes façons dépendent du commencement de chaque antienne qui précède le psaume.

La terminaison de chaque Ton est désignée dans le Vespéral, avant chaque antienne, par une lettre marquant la note finale du psaume (voy. le n.° 3 du chap. 1.er), de même que le Ton est désigné par un chiffre. La lettre est majuscule, lorsque la note finale de la terminaison du psaume est la même que celle de l'antienne, sinon elle est minuscule, excepté dans le quatrième, D, dont la finale est plus que complète, et que l'on a caractérisée par une majuscule, à défaut du *d* minuscule déjà employé pour une autre finale.

La terminaison suivante du premier Ton,

est désignée par un J, les D majuscules servant à caractériser d'autres finales complètes du même mode. On a eu recours à la lettre J, parce qu'elle exprime le premier mode, et que sa queue a quelque rapport avec la traînée de notes qui termine cette finale.

Nota. Les voyelles *e, u, o, u, a, e,* que l'on met à la fin des terminaisons, sont celles des mots *seculorum. Amen.*

Toutes les intonations (solennelles), dominantes, médiations et différentes terminaisons des Tons usités dans le chant parisien, se trouvent réunies ici.

Premier Ton.

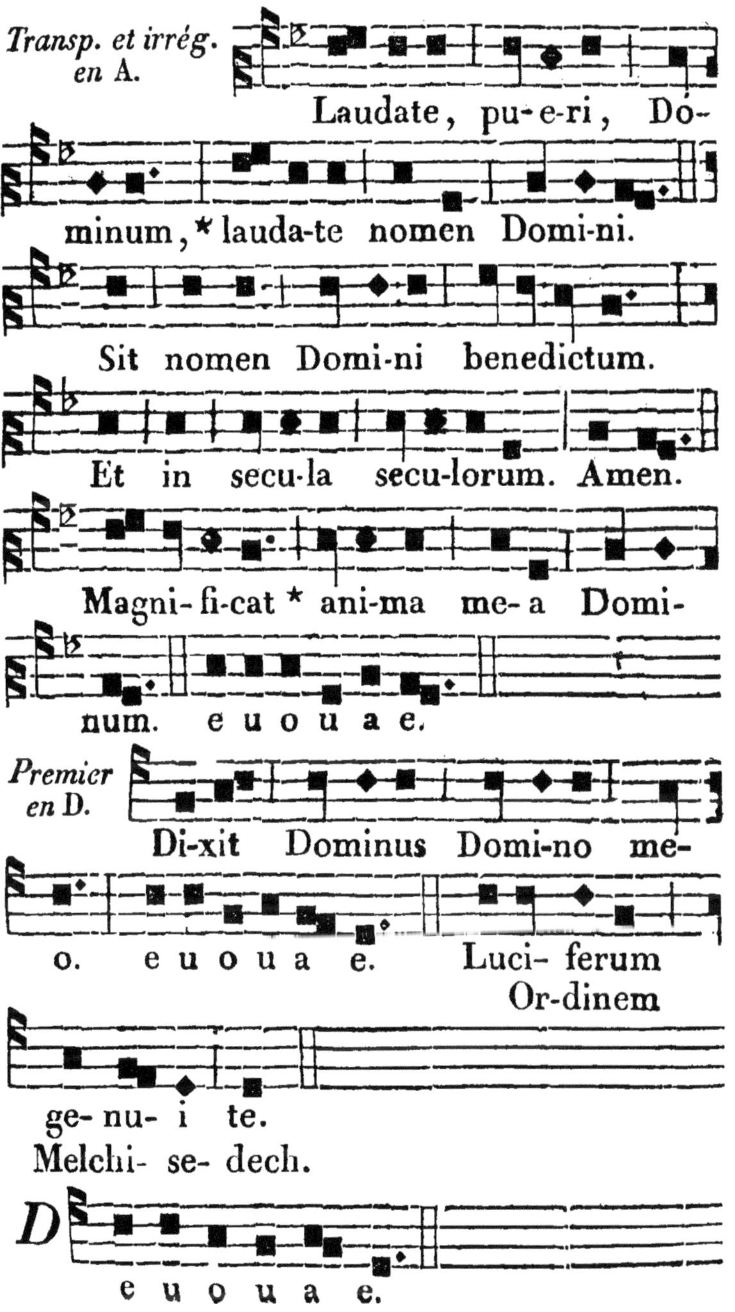
Transp. et irrég. en A.
Laudate, pu-e-ri, Do-
minum, * lauda-te nomen Domi-ni.
Sit nomen Domi-ni benedictum.
Et in secu-la secu-lorum. Amen.
Magni-fi-cat * ani-ma me-a Domi-
num. e u o u a e.
Premier en D.
Di-xit Dominus Domi-no me-
o. e u o u a e. Luci- ferum
Or-dinem
ge- nu- i te.
Melchi- se- dech.
D
e u o u a e.

On chante la psalmodie en A, lorsque l'antienne commence par *ut ré fa sol*, et monte au *la*, soit par degrés, soit par intervalles.

On termine en D, lorsque l'antienne commence par *ré ut ré fa mi ré*, et ne monte pas de suite au *sol* ou au *la*.

On termine en *D*, lorsque l'antienne commence par *fa sol*, pour retomber au *ré*, soit par degrés, soit par intervalles.

On termine en J, lorsque l'antienne commence par *ut ré fa mi ré mi fa mi ré*, et monte au *sol* ou au *la*.

On termine en f, lorsque l'antienne commence par *ré ré ut fa sol fa sol la*, ou par *ré mi fa sol sol mi*, et monte au *sol* ou au *la*.

On termine en g, lorsque l'antienne commence par *fa ut ré*, ou *ut ré la si la*.

On termine en *g*, lorsque l'antienne commence par *fa la*.

On termine en a, si elle commence par *ré la*, ou *fa sol la*.

Deuxième Ton.

On chante le psaume de la première façon, quand l'antienne du second Ton est notée sur la clef d'*ut*.

On chante le second en D, toutes les fois qu'elle est notée sur la clef de *fa*.

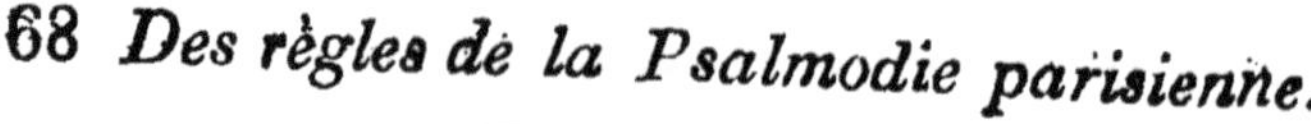

Troisième Ton.

On termine en E, lorsque l'antienne commence par *mi fa mi fa sol*, et ne monte pas de suite à l'*ut*.

On termine en a, lorsque l'antienne commence à-peu-près par *mi ré sol la ut*.

On termine en à, lorsque l'antienne commence par *sol ut la*.

On termine en b, lorsque l'antienne commence par *sol la ut la ut si*.

On termine en c, lorsque l'antienne commence par *sol la ut*.

Quatrième Ton.

On termine de la première façon E, lorsque l'antienne commence par *fa* ou *mi*.

On termine de la seconde façon D, lorsque l'antienne commence par *ut ré fa*.

On termine de la troisième façon f, lorsque l'antienne commence par *ré mi fa sol*.

On chante de la quatrième façon a, dans les féries seulement.

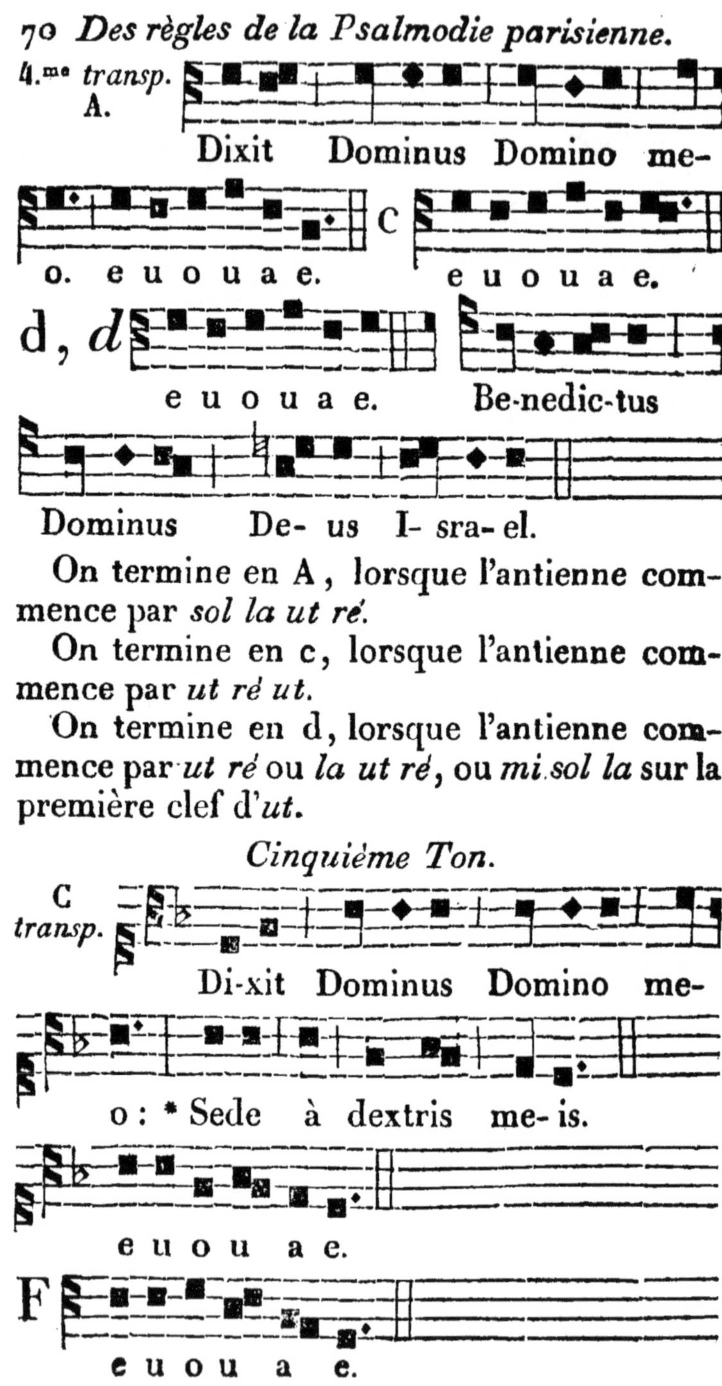

On termine en A, lorsque l'antienne commence par *sol la ut ré*.

On termine en c, lorsque l'antienne commence par *ut ré ut*.

On termine en d, lorsque l'antienne commence par *ut ré* ou *la ut ré*, ou *mi sol la* sur la première clef d'*ut*.

Cinquième Ton.

On termine en C toutes les fois que l'on chante par bémol.

La terminaison en F est très-rare, et ne se chante que par bécarre.

On termine en a quand le bémol est accidentel.

Sixième Ton.

On termine en C, lorsque l'antienne commence par *mi sol fa* à la clef d'*ut* sur la troisième ligne, ou par *la ut si* bémol sur la première ligne.

On termine en *C,* lorsque l'antienne commence par *mi ré ut ré fa mi* à la clef d'*ut* sur la troisième ligne, ou par *la sol fa sol si* bémol *la* sur la première ligne.

On

On termine en F de quelque autre manière que commence l'antienne.

On termine en *F* à l'Office des Morts.

Septième Ton.

On termine de la première façon, en G, lorsque l'antienne commence par *sol la sol si,* ou *sol ré ut si la sol,* ou *si la si ut si la sol.*

On termine en a, lorsque l'antienne commence par *sol la ut ré.*

On termine en b, lorsque l'antienne commence par *si ut ré.*

On termine en ç, lorsque l'antienne commence par *ré ut si ut.*

On termine en c, lorsque l'antienne commence par *ut si ut ré.*

On termine en d, lorsque l'antienne commence par *sol si ut ré.*

On termine en *d*, lorsque l'antienne commence par *sol ré*, ou *sol si ré*, et ne descend pas de suite à la finale.

Huitième Ton.

Ces quatre derniers mots se chantent de la même manière dans le deuxième Ton en D.

On termine en G, lorsque l'antienne ne commence par aucune des manières suivantes.

On termine en *G*, lorsqu'il se trouve un *si* dans l'intonation de l'antienne, les deux façons suivantes exceptées, quand même il ne s'y trouverait qu'au moyen du crochet ou périélèse.

On termine en c, lorsque l'antienne commence par *ut si la*, ou *ut ré ut sol.*

On termine en d, lorsque l'antienne commence par *ut si ut la.*

Nota. Les antiennes ne commencent pas toujours strictement de la manière indiquées ci-devant, mais elles s'en rapprochent beaucoup.

Les Eglises qui ne suivent pas le rit parisien ont des intonations, des médiations et des terminaisons de psaumes autres que celles ci-devant; mais les règles pour la psalmodie sont toujours les mêmes.

Cantate Domino..... benè psallite ei in vociferatione. *Ps.* 32, ℣. 5.

CHAPITRE SEPTIÈME.

De quelques Règles à observer pour chanter avec goût et perfection.

ART. 1er. — *De la Voix.*

1.° IL faut donner sa voix toute naturelle sans jamais la forcer; et si on l'a trop rude, il faut tâcher de l'adoucir autant que possible.

2.° Il faut bien ouvrir la bouche, desserrer les dents, prononcer naturellement, et, autant que l'on peut, sans remuer les lèvres dans les liaisons du chant, parce que cela fait varier l'articulation.

3.° Il faut bien prononcer les *s* (en les sifflant un peu) au commencement et à la fin des mots où ils se trouvent, ainsi que les autres consonnes. Lorsqu'il y a des liaisons de plusieurs notes, on ne fait sentir la consonne qui termine une syllabe, que sur la dernière note.

4.° Il faut se modérer de telle sorte qu'on puisse chanter long-temps sans se lasser, et ainsi, pour cela, ne pas employer toute la force de son poumon : il faut toujours chanter d'une même force, sans pousser la voix en des endroits plus qu'en d'autres.

5.° Lorsqu'il y a plusieurs notes sur la même syllabe, il faut marquer principalement celle sur laquelle la syllabe se prononce, et couler doucement les autres sans aspirations, en donnant des coups de voix : *Ha*, *ha*, sur la même syllabe : ce qu'il faut absolument éviter.

6.° Il ne faut point faire de cadence ou tremblement lorsque l'on chante en chœur, c'est-à-dire tous ensemble; mais lorsqu'un seul chante une pièce, il lui est permis d'orner sa voix sans trop d'affectation, au moyen de la cadence, des sons filés, du port de voix, etc.

Art. 2. — *De la Mesure.*

La mesure consiste à chanter lentement aux fêtes de première solennité, modérément aux fêtes du second ordre, gravement aux autres fêtes doubles et dimanches. Pour les autres fêtes qui sont au-dessous, comme les semi-doubles, simples et féries, petites-heures, anniversaires non solennels, on chante ce qu'on appelle rondement, sans vîtesse.

Ce qui se chante en adoration devant le St.-Sacrement, comme aux Saluts, doit être chanté en tout temps avec beaucoup de solennité, c'est-à-dire fort lentement.

Lorsqu'on va en procession, il faut chanter très-lentement pendant la marche; on chante une suite de mots qui forment un sens, et puis on fait un repos de quelques pas, et l'on reprend la suite.

La mesure du chant consiste encore à observer la juste valeur des notes, sur-tout dans les hymnes et proses, dont les airs sont ordinairement cadencés, et dont la mesure est marquée d'une manière sensible; ce qui a lieu sur-tout lorsqu'une note brève revient alternativement après une note à queue, comme dans la prose de la Pentecôte, *Veni, sancte Spiritus :* on doit alors appuyer la voix sur les notes longues, et passer promptement les brèves.

L'hymne *O luce qui mortalibus* doit être chantée comme si elle était notée ainsi :

Dans la Prose de la Pentecôte, dites :

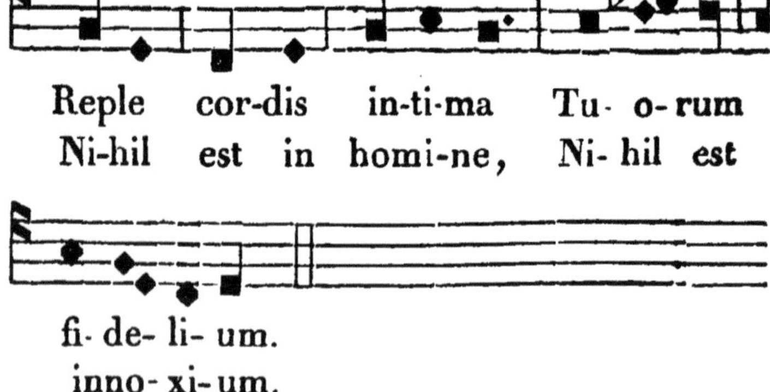

Le chant des hymnes de saint Jean-Baptiste, étant très-cadencé, doit être noté comme il suit :

ART. 3. — *De la Tenue.*

La tenue est une prolongation de la voix qui se fait sur la syllabe qui précède la médiation et la terminaison des psaumes; ce qui se pratique à la fin de l'intonation des antiennes, à la fin des versets, des répons, et des graduels, et généralement à la fin de tout ce que l'on chante, soit seul, soit en chœur.

La note sur laquelle se fait la tenue est ordinairement une carrée double : il ne faut point articuler ces deux notes jointes ensemble. Dans les livres de chant où cette note double n'est pas marquée, on s'en tient à la règle de la tenue, qui doit toujours se faire sur la pénultième ou avant-dernière note, quand on finit une pièce ou une intonation.

Il y a des occasions où l'on articule deux notes sur le même degré dans les liaisons; pour lors ce n'est point une tenue, mais seulement un repos.

Exemple.

Nota. Nous avons marqué dans les règles de la psalmodie la tenue qui se fait à la note pénultième de la médiation par une queue ajoutée à cette note.

La tenue qui se fait sur la note finale des psaumes et autres pièces est quelquefois marquée de même par une note carrée à queue; mais le plus souvent cette note est pointée, pour indiquer une prolongation de voix, et le repos qui suit la tenue.

Ce repos se pratique aussi dans le courant des psaumes, sur-tout aux fêtes solennelles, au milieu de la première et seconde partie d'un verset quand il est long.

Exemple.

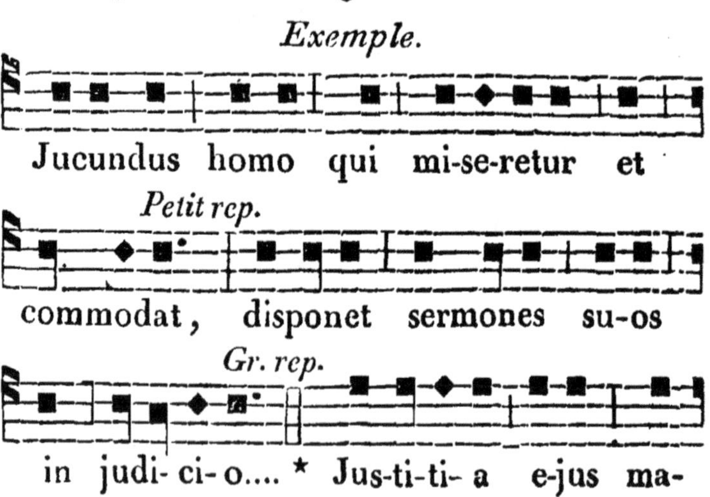

Art. 4. — *De l'Unisson dans le chant.*

Toute la beauté et la perfection du chant consiste à maintenir durant tout l'Office le même ton, c'est-à-dire à mettre toutes les dominantes des Tons à l'unisson, sans prendre l'octave ni au-dessus ni au-dessous du ton ordinaire du chœur.

Comme il y a des voix très-hautes et très-basses, il est nécessaire, en ces deux cas, que celui qui dirige le chant prenne un ton qui convienne à tous.

Dans les chœurs où il n'y a point d'orgue, celui qui entonne les psaumes doit prendre le ton de la note *la* pour dominante du chœur, durant tout l'Office.

Dans les églises où il y a plusieurs chantres dont les voix descendent plus qu'elles ne montent, on doit régler la dominante sur le *sol*, un ton plus bas. Dans celles où il n'y a que des voix élevées, on peut mettre la dominante sur le *si*, mais jamais plus haut, excepté au huitième Ton, où on la met sur l'*ut*, parce que les antiennes de ce Ton sont souvent très-basses.

L'Officiant doit commencer *Deus, in adjutorium* par la dominante, qui est *la* ou *sol*;

celui qui entonnera l'antienne la mettra au même ton de la dominante de *Deus, in adjutorium,* et alors il montera ou descendra de cette dominante à la première note de l'antienne, pour l'entonner, et le chantre qui doit entonner le psaume, montera ou descendra de la dernière note de l'antienne à la première note de l'intonation du psaume.

Exemple.

Si les antiennes sont de différens tons, il faudra mettre les dominantes de ces différens tons à l'unisson, c'est-à-dire toutes au même son. Par exemple, quand on a achevé l'antienne du septième ton ci-dessus, et qu'ensuite il faut entonner la suivante, qui est du quatrième ton, il faut l'entonner de manière que le *la,* qui est la dominante du quatrième, soit à l'unisson du *ré,* qui est la dominante du septième.

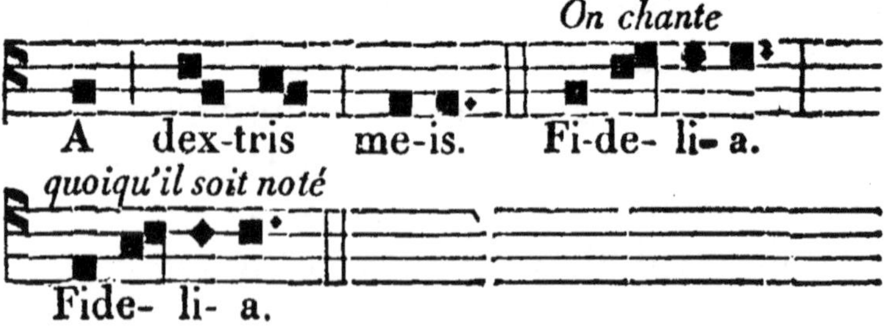

Lorsque l'antienne n'est point chantée tout au long avant le psaume, ainsi que cela se pratique dans la plupart des diocèses de France, on se règle sur la dernière note de l'intonation de l'antienne pour monter ou descendre à la première de l'intonation du psaume.

Lorsque l'antienne se double, c'est-à-dire est chantée en entier avant et après le psaume, comme c'est l'usage dans le romain aux fêtes doubles, et dans quelques diocèses de France à certaines fêtes solennelles; comme à Autun, où, d'après la nouvelle liturgie établie dans ce diocèse, on double les antiennes aux Vêpres et Laudes des fêtes de Pâques, Pentecôte et Noël, on se règle alors sur la dernière note de l'antienne., pour monter ou descendre à la première note de l'intonation du psaume.

Enfin on doit encore, au moyen de l'unisson, lier une antienne et un psaume de différens tons, en les mettant à la même dominante. Ainsi, le jour de Pâques, si on avait à chanter le *Magnificat* de la Feillée, qui est du cinquième ton, on l'ajusterait ainsi à l'antienne *Cùm serò, etc.*, du troisième ton, que l'on prendrait un peu bas.

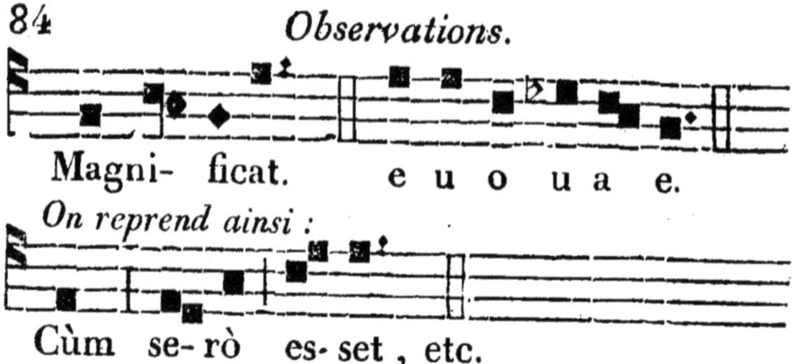

Nota. Si par inadvertance le chantre entonnait un psaume ou cantique sur un ton autre que celui qui est marqué dans le Vespéral, le chœur devrait continuer ce ton, et tâcher à la fin d'y ajuster l'antienne selon les règles que nous venons d'indiquer.

DE QUELQUES FAUTES

DANS LESQUELLES ON TOMBE ORDINAIREMENT.

1.° Les Versets des Nocturnes des trois derniers jours de la Semaine-Sainte se chantent sur un ton mineur *(ré mi fa)*, et bien des personnes font un ton entier de *mi* à *fa ;*

2.° La Psalmodie des petites heures et complies de Pâques est un 2.me ton en b, et par conséquent sur un chant mineur. Il en est de même de l'*Alleluia* qui sert d'antienne à cette psalmodie. Bien des personnes chantent néanmoins en mode majeur, ce que l'on doit absolument éviter; et pour cela il faut avoir égard au demi-ton qui fait que toutes les tierces ci-dessus sont mineures, et bien étudier le siége de ce demi-ton (Voir au ch. 1.er le chiffre 6, des tierces);

3.° Dans la Prose de Pâque, *Victimæ Pas-*

chali, il faut faire attention, dans les 2.me et 3.me strophes, de prendre la moitié des derniers versets sur le *fa*, et non sur le *mi*, comme cela arrive à beaucoup de chantres : ainsi on dira *fa sol ré mi ré ut*, et non *mi sol ré*, *etc.*;

4.º Dans le chant de plusieurs Hymnes des Vêpres du temps pascal du 1.er ton, il faut avoir soin, au milieu du 3.me vers, de ne pas anticiper le demi-ton du *sol* au *fa*, ce qui détruirait l'harmonie de ce chant : le *fa* étant naturel, il doit y avoir un ton entier dans ces notes *sol fa*, et le demi-ton doit être placé du *fa* au *mi*.

Voici un exemple :

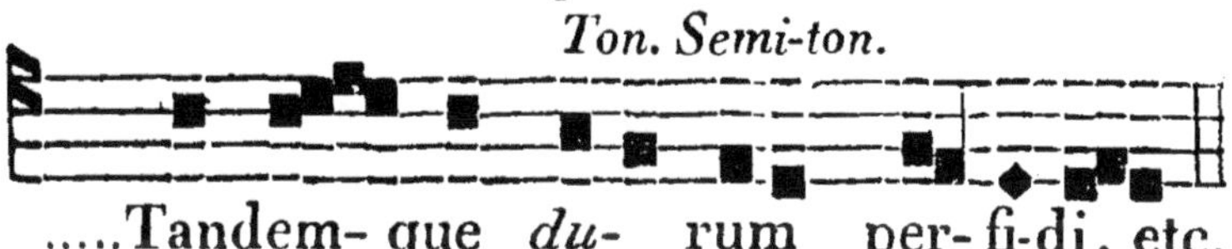

5.º Dans le *Te Deum*, après ces mots, ...*pretioso sanguine redemisti*, ...*speravimus in te*, bien des personnes reprennent la première note des versets suivans sur un ton plus haut que le *fa*, c'est-à-dire sur le *sol*. Il faut bien faire attention que de la dernière note de ces versets

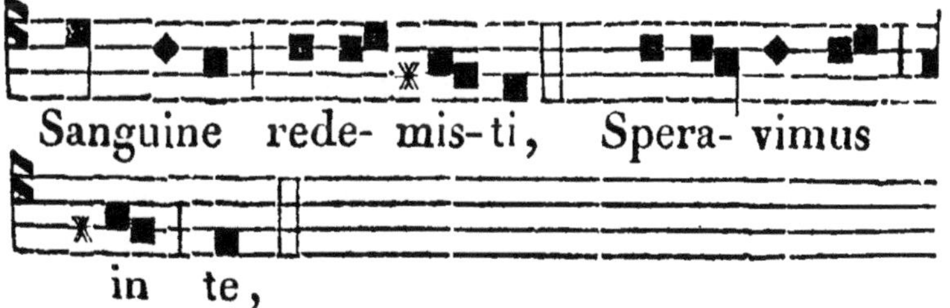

à la première des suivans,

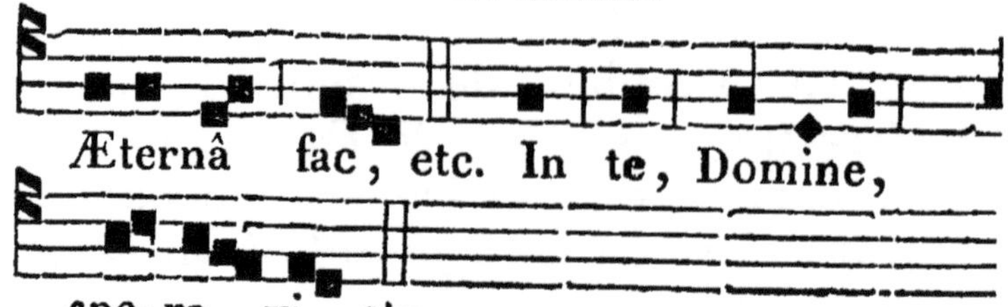

il n'y a qu'un demi-ton. Dans quelques livres de chant, la première note de ces deux derniers versets est précédée d'un bécarre, ou d'un bémol, à cause du dièse qui se trouve sur le dernier *fa* des versets précédens. L'effet de ces deux figures est le même, puisque le bécarre, en rétablissant le *fa* dièse dans son ton naturel, le baisse d'un demi-ton, et que le bémol baisse également une note d'un demi-ton : seulement l'effet de ce dernier rend peut-être plus sensible le demiton qui doit se faire de *mi* à *fa* naturel.

On met une prose à la suite de cette Méthode, pour apprendre à chanter le plain-chant en mouvement, c'est-à-dire à notes inégales. Ce chant ne se trouve pas mesuré ordinairement dans les livres de la manière qu'on le chante: Le chant nouveau de la prose de la Dédicace est mesuré de cette manière.

Les notes carrées valent deux brèves, les carrées suivies d'un point valent trois brèves: on les place deux à deux entre des petites barres, sans avoir égard à la séparation des mots. C'est pour mieux marquer le mouvement de ce chant, qui, dans la musique, se battrait à $\frac{3}{8}$.

Chant mesuré de la Prose de Noël.

terno gigne- ris, Patri par pro-

geni- es. TANTUS es! et su- pe-

ris, Quæ te premit ca- ri- tas!

Sedi- bus de- labe- ris : Ut sur-

gat in- firmi- tas, Infir- mus hu-

mi ja- ces. QUÆ no- cens de bu- e-

ram Inno-cens e-xe- que- ris : Tu le-

gi quam spre-ve-ram Legi- fer sub-

ji- ce-ris : Sic do-ces jus-ti-ti- am.

CŒLUM cu- i re- gi- a, Stabu-lum non

res-pu- is, Qui do-nas im-pe- ri-

a, Servi formam indu- is:
Sic te- ris su-perbi- am. Nobis ultrò
si- mi- lem Te præ-bes in omni-
bus, Debi- li- bus de-bi- lem, Mor-ta-
lem mor- ta-li-bus: His tra-his nos
vincu- lis. Cum æ-gris con- fun-de-
ris, Mor-bi labem nes- ci- ens;
Pro pec- ca- to pa- te- ris, Pecca-
tum non fa-ci- ens: Hoc u-no dis-
si-mi- lis. Summe Pa- ter, Fi-li-

um Qui mittis ad homi- nem, Gra-ti-
æ prin-ci-pi- um, Sa-lu- tis o- ri- gi-
nem, Da Je- sum cog- nosce-re.
Cu- jus ig-ne cœli- tùs Ca-ri-tas ac-
cendi- tur, Ades, al-me Spi-ri-
tus: Qui pro nobis nas- ci- tur, Da
Je- sum di- li-ge-re. A- men.
Ton du Capitule.
Benedictus De-us, et pa-ter Do-mini
nostri Jesu Chris-ti, qui benedi-xit

nos, etc. ejus in cari-ta-te. ℟. De-o

grati-as.

Chant du Verset qui se dit après chaque Nocturne de Matines, et après l'Hymne de Laudes et de Vêpres.

In De-o laudabimur totâ di-e.

Le Verset pour Mémoire se chante ainsi :

Justus ut palma flore-bit.

Si le dernier mot du ℣. est un monosyllabe, s'il est hébreu, grec, etc., on termine ainsi :

Venite, fi-li-i, audi-te me. Benedi-

cat te Dominus ex Si-on.

Ton de l'Epître.

Lectĭ-ŏ libri Sâ-pi-entiæ. Dilectus

De-o et hominibus, cujus me-
mori-a in benedicti-one est;
adimplevit legem vi-tæ et
disciplinæ.
Ton de l'Evangile.
Dominus vobis- cum. Et cum
spiritu tu-o. Sequenti-a
sancti Evangeli-i secundùm
Matthæ- um. In illo tempore, dixit Petrus ad Jesum:

Ecce nos, etc. secutĭ sumus
te : Quid ergo erit nŏ— bis ?
Dicit e-i Jesŭs : etc. Vitam
ætĕrnam possidebit.
Chant de la Passion.
L'Historien.
Passi-o Domini nos-tri Jesu Chris-
ti secundùm Matthæ- um. In illo
tempore, sic ter-minantur du-o
puncta : sic autem punc- tum.
Sic indi-catur disci-pu-lis. Et

sic synago- gæ. Sic autem Chris-
to. Dicit il-li Jesus. Mono-syl-
labus ante punctum sic fit. Tradi-
Synagogue.
dit spi- ritum. Sic modulan-
tur du-o puncta : sic autem punctum. Sic verò inter-rogat ? Mo-
nosyl-labus ante punctum sic fit.
Ave, Rab-bi. Barab- bam. Sic
Le Célébrant.
tandem ter-mi- nat. Sic

inci-pit Christus, vir-gula sic fit;
et sic duo punc- ta :

sic fit eti-am virgu-la, et sic
sic etiam du- o

punctum. Sic quoque punc-tum.
puncta :

Sic verò inter- rogat? E-

go sum. Tu di- xis-

ti. Voluntas tu-a fi- at.

Sic tandem ter- minat.

Chant du ℟. *br. de Complies au Temps Pascal, et aux Fêtes Solennelles, qui ne se trouve pas dans les éditions in-*12 *du Vespéral de Paris.*

In manus tu-as, Domine, com-men-

Tous les ℟. *br. avec deux* Alleluia *se chantent comme ci-dessus.*

MOTETS

MOTETS AU TRES-SAINT SACREMENT.

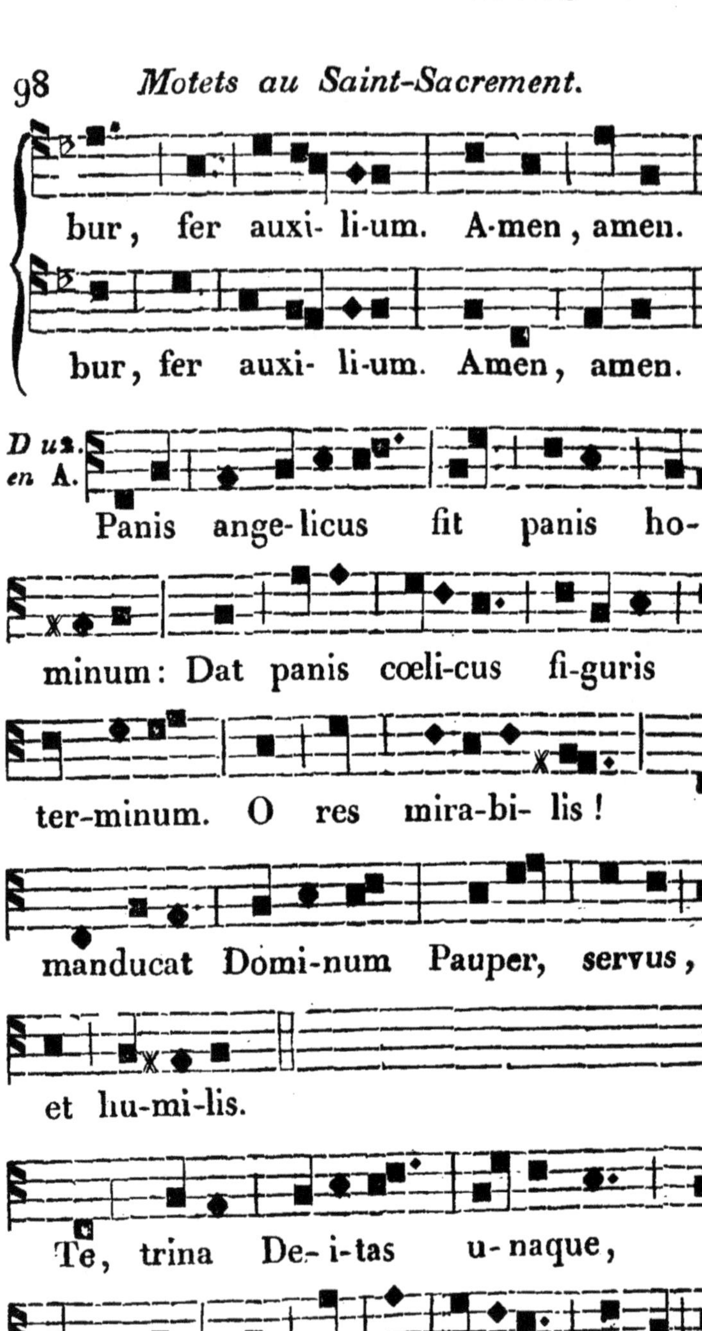
bur, fer auxi- li-um. A-men, amen.
bur, fer auxi- li-um. Amen, amen.
Duo. en A.
Panis ange-licus fit panis ho-
minum: Dat panis cœli-cus fi-guris
ter-minum. O res mira-bi- lis!
manducat Domi-num Pauper, servus,
et hu-mi-lis.
Te, trina De-i-tas u-naque,
pos-cimus: Sic nos tu vi-sitas si-cut

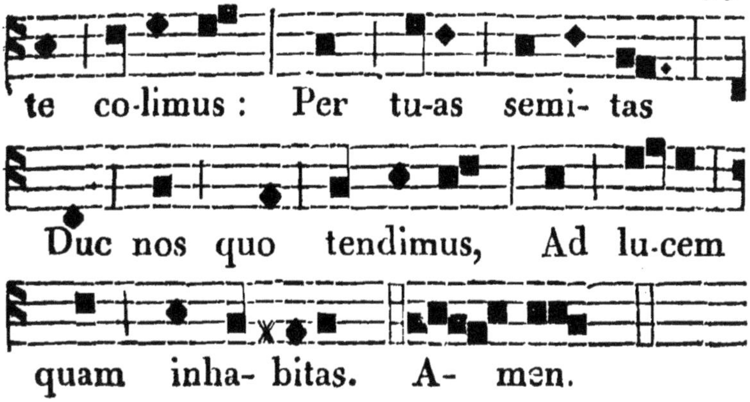

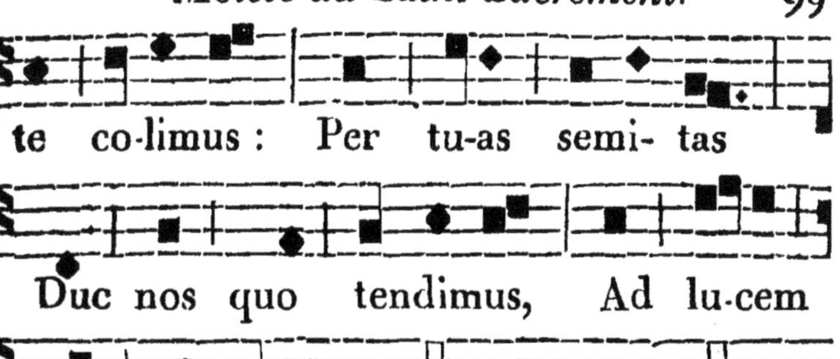

te co-limus : Per tu-as semi- tas
Duc nos quo tendimus, Ad lu-cem
quam inha- bitas. A- men.

Autre Panis Angelicus *en* duo.

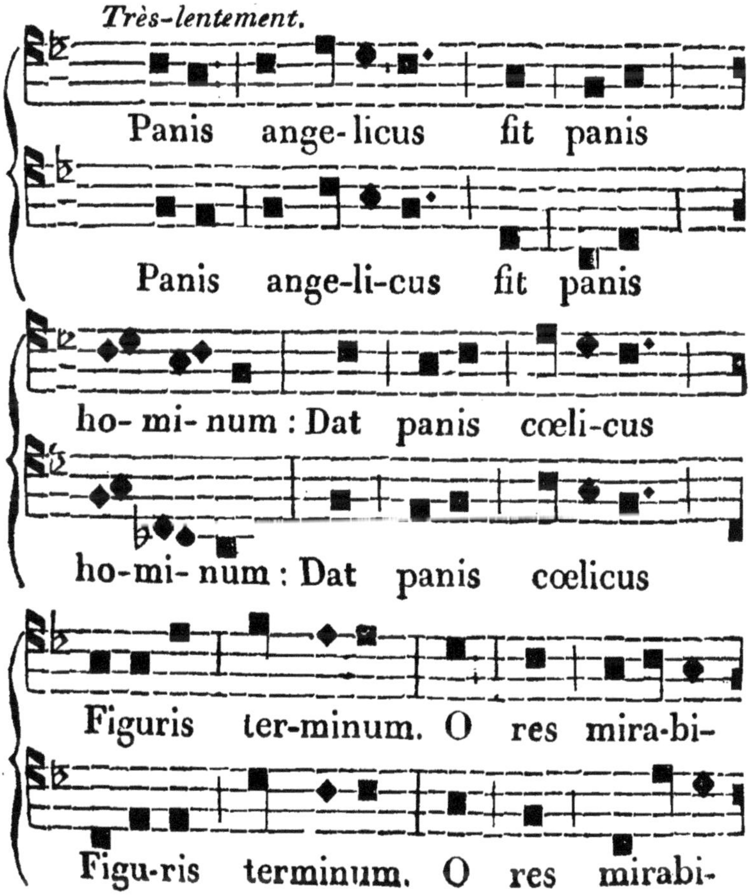

Très-lentement.
Panis ange- licus fit panis
Panis ange-li-cus fit panis
ho- mi- num : Dat panis cœli-cus
ho-mi- num : Dat panis cœlicus
Figuris ter-minum. O res mira-bi-
Figu-ris terminum. O res mirabi-

MOTET *qui se chante à la bénédiction du très-saint Sacrement.*

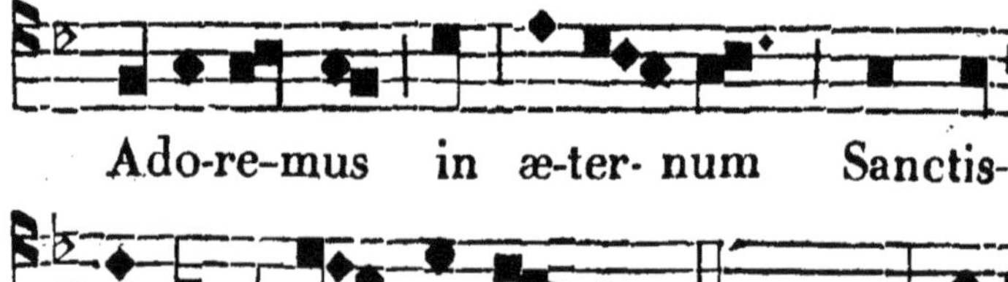

simum Sa- cramen- tum. *Le Ch.* Ado-

remus. Lauda-te Dominum, omnes
gen- tes, lauda-te e- um, om-nes
po-pu-li. *Le Ch.* Ado-re- mus, etc.
Quoni-am confirma-ta est super nos
mi-se-ri-cordi-a e- jus, et ve-ri-
tas Do- mini ma- net in
æ- ter- num. *Le Ch.* Ado-re-mus, etc.
Glo-ri- a Pa- tri, glo-ri- a Fi- li-
o, glo-ri- a Spi-ri- tu- i sanc-to.
Le Ch. Ado-re-mus, etc. Si-cut e- rat

in princi-pi-o, et nunc, et sem-
per, et in se-cu-la se- cu-
lo- rum. A- men. Le Ch. Ado-re-
mus, etc.
ANTIENNE A LA SAINTE VIERGE.
Grave.
Deux Clercs. Sub tu-um præ- si- di- um
con-fu-gimus, sancta De-i Ge-ni-trix.
Le Chœur reprend Sub tu-um, etc.
Les Cl. Nos-tras depre-ca-ti- o-nes ne
despi-ci- as in neces-si-ta- ti-bus.

PROSE POUR LE TEMPS DE NOEL.

Gai, sans vitesse.

Ades- te, fide- les, læ- ti tri-

umphantes veni-te, veni-te in

Be- thle- em; * Na-tum vide- te

Regem Ange-lo- rum: Veni-te, ado-

remus, veni-te, adoremus, veni-te,
a- do- re-mus Do- minum.
Le Ch. * Na- tum vide- te, etc.
CHANT DU CREDO
POUR LES FÊTES SOLENNELLES-MINEURES.
(Tiré du Romain.)
Du 5. en C.
Credo in unum De- um:
Les Choristes.
Le Ch. poursuit:
Pa- trem omni-po-tentem: Facto-
rem cœ-li et terræ, vi-si-bi-li-um
om- ni- um et invi-si-bi- li-um.
Et in unum Dominum Jesum

Christum, Fi-li-um De-i uni-ge-ni-
tum. Et ex Patre na-tum ante
om-ni-a secu-la: De-um de De-
o, lumen de lumine, De-um ve-
rum de De-o vero: Geni-tum,
non factum, consubstan-ti-a-lem Patri, per quem omni-a facta
sunt: Qui propter nos homi-nes
et propter nos-tram sa-lu-tem des-
Lentement.
cendit de cœ- lis. Et incar-

natus est de Spiri-tu sancto ex
Très-lentement.
Ma-ri-â Vir-gine, et ho-mo
factus est. Cruci- fi- xus eti-am
pro no-bis sub Ponti- o Pi-la-to,
passus et sepul- tus est. Et re-
surrexit ter-ti- â di-e secundùm
scriptu- ras. Et ascendit in cœlum, sedet ad dexte-ram Pa- tris.
Et i- terùm venturus est cum glo-
ri-a judi-ca-re vivos et mortu-

os; cujus regni non erit finis.
Et in Spi-ri- tum sanctum Domi-num et vivi- fi can-tem, qui
ex Patre Fi-li- oque proce-dit.
Qui cum Patre et Fi- li o si-
mul adora-tur et conglo ri-fi-ca-
tur; qui locu-tus est per prophe-
tas. Et unam, sanctam, Catho-
licam, et Aposto- licam Eccle-si-
am. Confi-te- or unum baptisma

in remis-si-o-nem pec-ca-torum.
Et expec-to resurrec-ti-o-nem mor-
tu-orum. Et vi- tam ventu-ri
secu-li. A-
men.
SALVE REGINA DE CLUNY.
Du 1. Ton.
Sal-ve, Re- gi-na, ma-ter
mise-ri-cordi- æ, vi-ta, dulce-do
et spes nostra, sal-ve. Ad te
clamamus, exu-les fi-li-i E-væ.

Ad te suspi-ra-mus, gementes et
flentes in hac la-crymarnm val-
le. E-ia ergo, advo-cata nostra,
illos tu-os mi-se-ri-cor-des o-cu-los
ad nos conver-te. Et Je- sum
benedic-tum fructum ven-tris tu-i,
nobis post hoc e-xi-li-um be-ni-
gnum osten-de, O cle-mens! ô
pi- a! O dul-cis Vir-go Ma-ri- a!

PIÈCES DE CHANT

POUR EXERCER PROGRESSIVEMENT LES ÉLÈVES.

Premier Exercice.

Pour se familiariser avec la première Clef d'ut sans bémol.

Les élèves pourront aussi s'exercer sur le *Sanctus* des annuels et solennels du 8.e *Ton*, sur l'Hymne de la Dédicace, *Ecce sedes, etc.*, et sur l'Offertoire du V. Dimanche après l'Epiphanie.

Deuxième Exercice.

Pour se familiariser avec la même Clef par bémol accidentel.

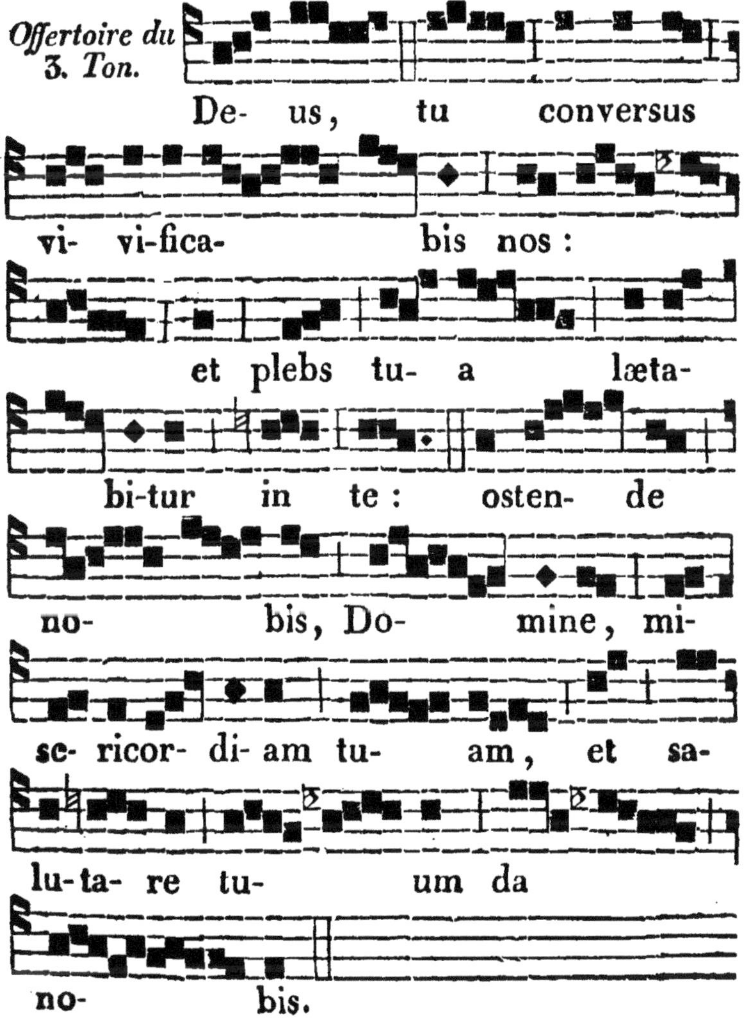

Troisième Exercice.

Pour se familiariser avec le Si *bémol continuel de la même Clef.*

le- lu- ia.

S'exercer aussi sur le nouveau chant de la Prose de la Dédicace, *Jerusalem, etc.*, sur les Introït des différentes Messes des Morts.

Quatrième Exercice.

Pour se familiariser avec le si *bémol continuel, et le* mi *bémol accidentel.*

S'exercer aussi sur les Répons du Saint-Sacrement, *Memoriam* et *Homo quidam*.

Cinquième Exercice.

***Pour** se familiariser avec le* si *et le* mi *bémols accidentels.*

Offertoire du 6. T.

Sixième Exercice.

Pour s'exercer à descendre au-dessous de la portée ordinaire des quatre lignes.

Septième Exercice.

Pour s'exercer à monter au-dessus des quatre lignes.

S'exercer aussi sur le ℣. du Répons des premières Vêpres de la Toussaint, *Inebriabuntur*, et sur le ℣. du ix. Répons des Matines de Noël, *Verbum caro*, et sur le Graduel du III. Dimanche de l'Avent, *Qui regis*.

Huitième Exercice.

*Pour se familiariser avec la seconde Clef d'*ut *sans bémol.*

S'exercer aussi sur l'*Alleluia* et le *Trait* de la Messe du Samedi-Saint.

Neuvième Exercice.

Pour se familiariser avec le bémol accidentel sur cette même Clef.

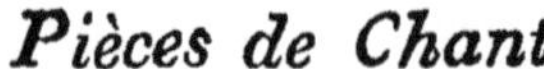

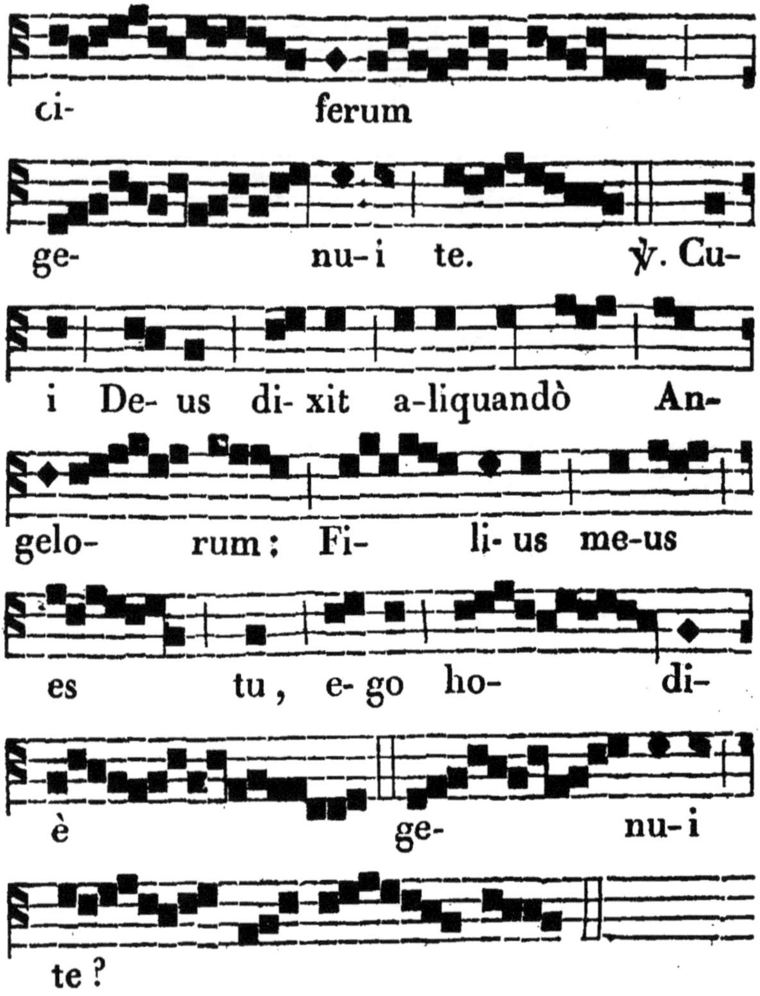

ci- ferum
ge- nu-i te. ℣. Cu-
i De- us di- xit a-liquandò An-
gelo- rum: Fi- li- us me-us
es tu, e- go ho- di-
è ge- nu-i
te ?

S'exercer aussi sur le Graduel de Pâques, *Hæc dies*, et sur le *Sanctus* des doubles-majeurs.

Dixième Exercice.

Pour se familiariser avec le bémol continuel sur la même Clef.

Du 5. Ton.
Al-le- lu- ia, al-leluia.

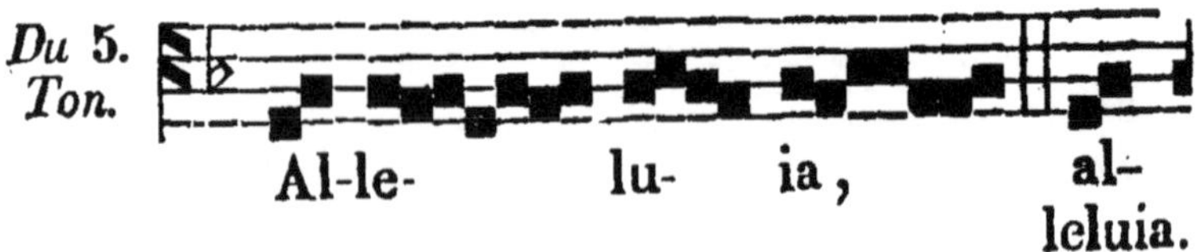

S'exercer aussi sur la Prose de Noël, *Votis pater annuit*; sur l'*Alleluia* et la Prose de l'Assomption; sur l'Hymne de la Nativité de la sainte Vierge, *Unus bonorum.*

Onzième Exercice.

Pour apprendre à monter au-dessus et à descendre au-dessous des quatre lignes.

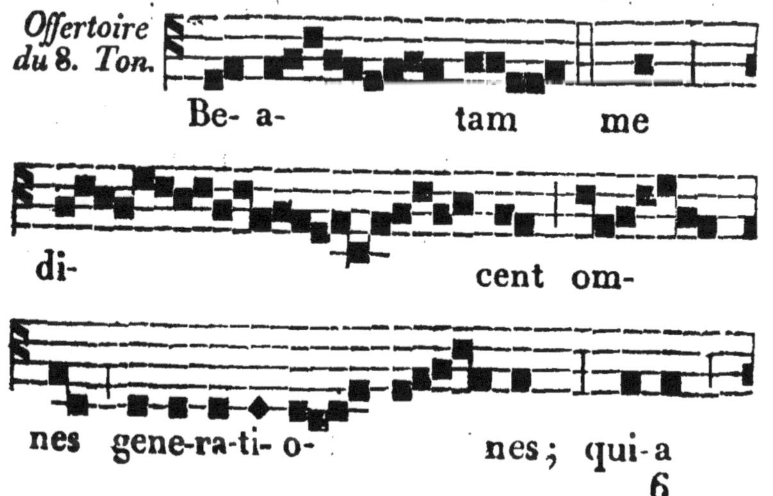

fe- cit mi-hi mag-
na qui pot- ens
est, et sanc- tum
no- men
e- jus.
Graduel du 7. T.
Læ- ta- tus sum
in his quæ dic- ta sunt mi-hi :
In do-mum Do- mi-ni
i- bimus. ℣. Fi- at pax
in vir-tu- te tu- a,

S'exercer aussi sur le Graduel du X. Dim. après la Pentecôte, *Misericors Dominus*; sur l'Offertoire de l'Annonciation, au 25 mars; sur le Graduel de la Messe de S. Jean-Baptiste; le Graduel, l'*Alleluia* et la Prose de la Fête-Dieu; le Graduel de la Transfiguration, au 6 août, *Speciosus; idem* de la Messe pour les malades, *Miserere mei;* le troisième Répons des Vêpres de Pâques, *Quid quœritis.*

Douzième Exercice.

*Pour se familiariser avec la troisième Clef d'*ut. (Voy. les détails sur cette clef, à l'art. 2 du Chap. 2.)

ri nos- tro : præ-occupe- mus faci- em
e- jus in con-fes-si- o- ne, et
in psal-mis jubi- le- mus e-
i.
Graduel du 7. Ton.
Spe- ra in Do-
mino, et fac boni- ta-
tem : et pas-ce- ris in di-
vi- ti- is e- jus.
℣. De-lecta- re in Do-
mi-no, et da- bit ti-

bi pe-ti-ti-ones cor-dis tu- i:
spera in e- o, et
ipse fa- ci- et.
Treizième Exercice.
Pour se familiariser avec la Clef de fa.
Introït du 2. T. en D.
Quàm terri- bi- lis est
lo- cus is- te! non est hìc a-
li- ud, ni-si do- mus De- i et por-
ta coe- li: verè Do- minus
est in lo- co is- to.
Ps. Quàm di-lec-ta tabernacu-la tu-

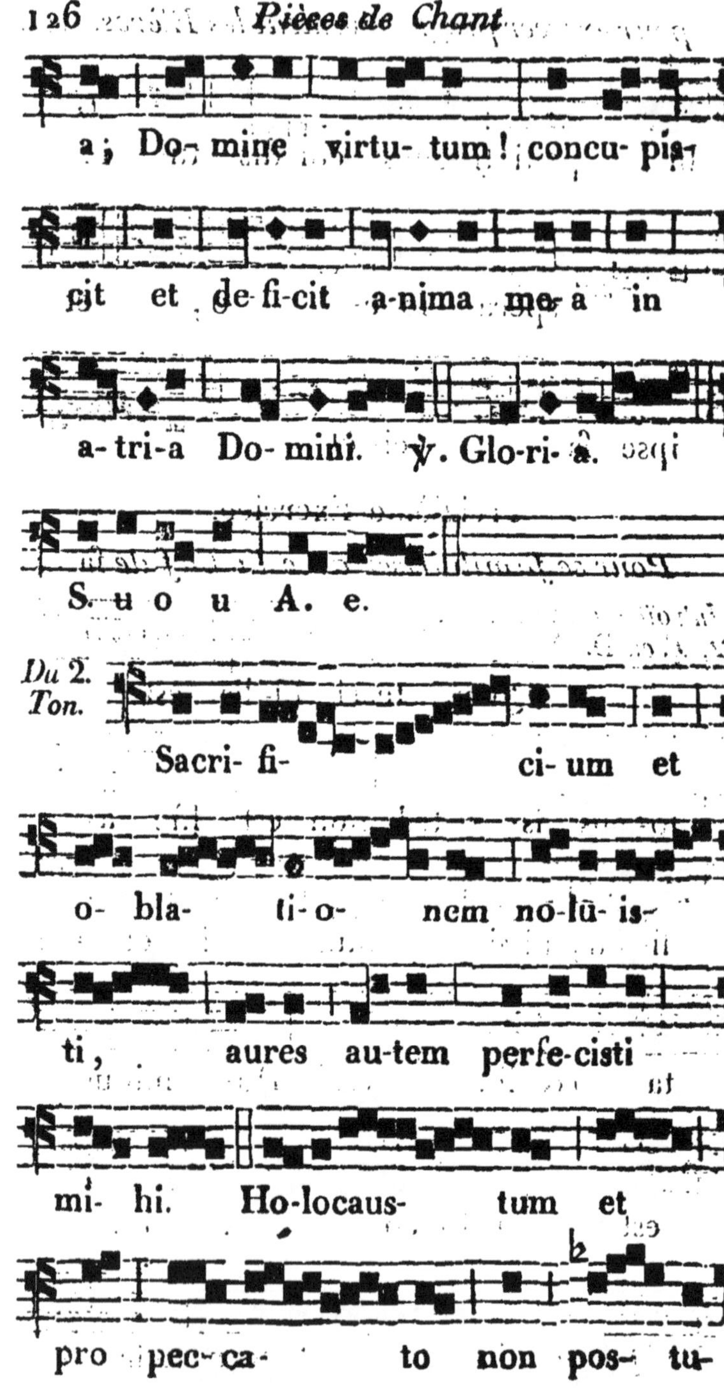
a ; Do- mine virtu- tum ! concu- pis-
cit et de-fi-cit a-nima me- a in
a-tri-a Do- mini. ℣. Glo-ri- a.
S- u o u A. e.
Du 2. Ton.
Sacri- fi- ci- um et
o- bla- ti- o- nem no-lu- is-
ti, aures au-tem perfe-cisti
mi- hi. Ho-locaus- tum et
pro pec- ca- to non pos- tu-

las- ti ; tunc di-
xi : Ec- ce ve- ni- o. In
ca-pi- te li-
bri scrip- tum est de me,
ut fa- ce-rem vo-luntatem
tu- am : De- us me- us, vo-
lu- i, et le- gem tu- am in me-
di- o cor- dis me- i,

S'exercer aussi sur les Offertoires des différentes Messes des Morts, et sur la Prose *Dies iræ ; item* sur le Trait de la Messe votive du Saint-Esprit, *Cor mundum ; item* sur l'Hymne des Vêpres de l'Assomption, *O vos ætherei.*

Nota. Il sera bon aussi de s'exercer sur les Antiennes et les Psaumes du Vespéral ; nous n'indiquons rien ici à cet égard, parce qu'il n'y a pas précisément de choix à faire. Voir les règles de la psalmodie dans la Méthode, chapitre 6. S'exercer aussi sur toutes les Hymnes et Proses, et bien placer les notes sur les syllabes auxquelles elles appartiennent.

FIN DE LA MÉTHODE DE PLAIN-CHANT.

MÉTHODE POUR APPRENDRE

LE CHANT FIGURÉ OU MUSICAL.

Plusieurs Recueils de Cantiques, et particulièrement celui de Saint Sulpice, ayant été notés en Plain-Chant musical, pour la commodité des chantres qui ne connaissent pas la musique, nous avons cru utile de donner à la suite de notre Méthode une courte instruction sur les principes du Chant figuré, au moyen de laquelle on pourra rendre tous les mouvemens de la musique. Cette instruction, applicable aux Motets comme aux Cantiques, sera doublement utile.

La différence qu'il y a entre le Plain-Chant ordinaire et le Chant figuré ou musical, est qu'en celui-ci on se sert de différens caractères qui ne sont point dans le Chant uni, afin de l'orner des mêmes agrémens de la musique.

On y emploie la cadence ou tremblement marqué par une petite croix +, et le dièse ♯ dont on se sert même dans le plain-chant uni, pour hausser la note qui le suit d'un demi-ton (mineur), sur le même degré.

Le point · y sert à augmenter une note de la moitié de sa valeur. On y voit des demi-cercles ⌒, que l'on nomme liaisons, pour unir les notes sur lesquelles il n'y a point de syllabes.

La mesure consiste à bien observer la valeur des notes. On place entre deux barres un certain nombre de notes qui se divisent toutes en deux, ou trois, ou quatre temps égaux. C'est ce que l'on concevra mieux après avoir vu le tableau suivant de la valeur respective des différentes notes usitées dans le plain-chant musical :

6*

La double carrée à queue vaut deux carrées à queue La carrée à queue vaut deux carrées simples La carrée simple vaut deux brèves La brève vaut deux demi-brèves

Des Silences qui représentent les notes de Plain-Chant musical.

La pause vaut une double carrée à queue

La demi-pause vaut une carrée à queue

Le soupir vaut une carrée simple

Le demi-soupir vaut une brève

Le point, ainsi que je l'ai déjà dit, vaut la moitié de la note à laquelle il est joint. Ainsi après la carrée à queue, il vaut trois carrées simples; après la carrée simple, il vaut trois brèves; après la note brève, il vaut trois demi-brèves.

Exemple.

La carrée à queue avec un point vaut trois carrées simples.

La carrée simple avec un point vaut trois losanges ou brèves.

La brève avec un point vaut trois demi-brèves.

Il y a trois mesures principales qui sont : la mesure à deux temps, la mesure à trois temps, et la mesure à quatre temps.

Pour la mesure à deux temps, marquée par le chiffre 2, on met entre deux barres une double carrée à queue, ou deux carrées à queue, ou quatre carrées simples, ou huit brèves, ou seize demi-brèves, ou enfin la valeur de ces différentes notes. Toutes ces notes se divisent en deux parties égales, qui se battent par deux temps égaux, le premier frappé, et le second levé. Nous donnons ici, à la suite de chaque mesure, un exemple pris dans le recueil des Cantiques de St. Sulpice.

Dans la mesure à trois temps, marquée par le chiffre 3, on met entre deux barres trois carrées simples ou leur valeur. Chaque carrée simple, ou les notes qui en représentent la valeur, forment un temps. Le premier de ces temps est frappé, le second est à droite, et le troisième est levé.

Quant à la mesure à quatre temps, marquée par C, et qui n'est guère employée dans le plain-chant musical, on met entre deux barres une double carrée à queue ou sa valeur, comme dans la mesure à deux temps; seulement on passe moins vîte les notes que dans la précédente, parce que dans celle-ci il faut deux carrées simples pour un temps, au lieu que dans la mesure à quatre temps, chaque carrée simple forme un temps. Le premier de ces temps est frappé, le second est à gauche, le troisième à droite, et le quatrième est levé.

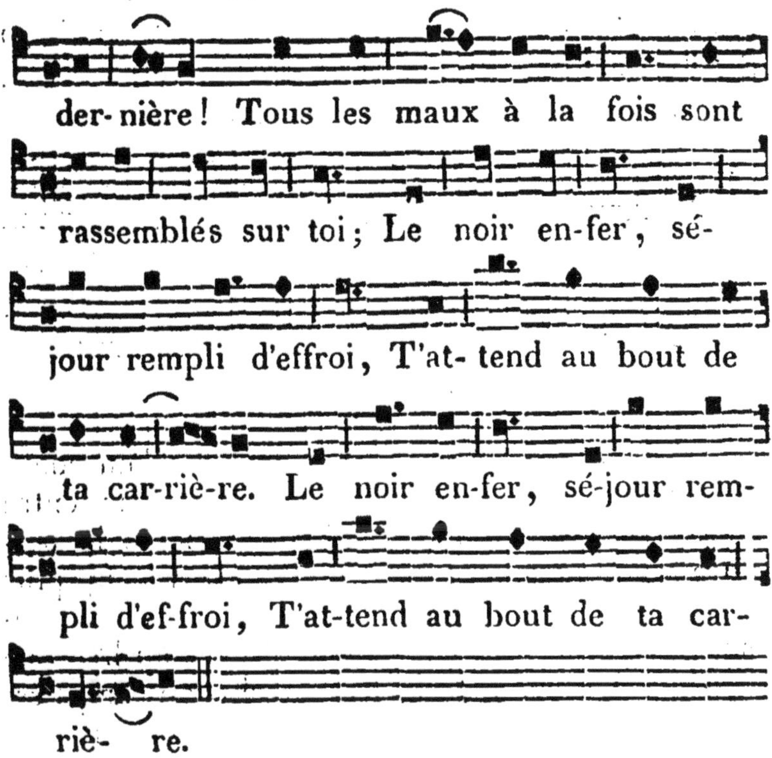

Les mesures composées, c'est-à-dire, qui dérivent des précédentes, sont la mesure à $\frac{2}{4}$, la mesure à $\frac{3}{4}$, la mesure à $\frac{3}{8}$ et la mesure à $\frac{6}{8}$.

Dans la mesure à $\frac{2}{4}$ on met entre deux barres deux carrées simples ou leur valeur, qui forment un temps. Le premier de ces temps est frappé, et le second est levé.

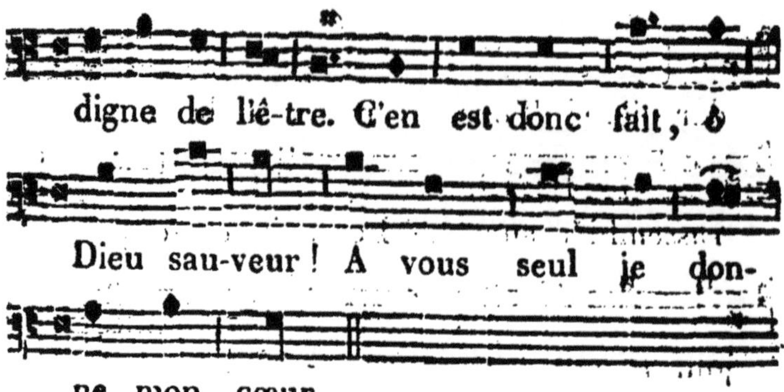

La mesure à $\frac{3}{8}$, peu usitée dans le plain-chant musical, comprend trois brèves ou la valeur entre deux barres. Elle peut se battre comme la mesure à trois temps, mais en allant beaucoup plus vîte, par la raison que chaque temps de la mesure à $\frac{3}{8}$ ne comprend qu'une brève, au lieu que dans la mesure à trois temps, chaque temps est formé d'une carrée simple, ou de sa valeur.

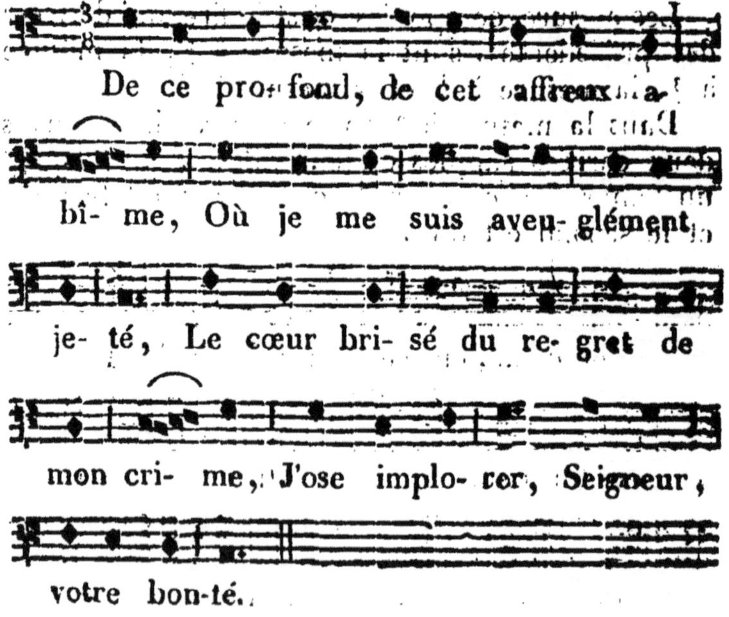

La mesure à $\frac{3}{4}$ embrasse la même valeur de notes que la mesure à trois temps, et se bat de même, mais en allant un peu plus vîte.

Enfin la mesure à $\frac{6}{8}$ est formée de six brèves, ou de la valeur, qui se partagent en deux temps. Il faut dans cette mesure passer aussi vîte trois brèves, que deux dans la mesure à $\frac{2}{4}$.

Nota. Souvent, au commencement des airs, on ne trouve qu'une fraction ou partie de mesure avant la première barre; il faut avoir recours à l'autre partie qui termine la pièce, et qui forme le complément de la fraction de mesure qui se trouve au commencement.

Le signe * indique qu'il faut reprendre depuis l'autre signe correspondant.

Dans le plain-chant ordinaire, le *bémol* ne se place que devant les notes *si* ou *mi ;* mais dans le recueil des Cantiques de St. Sulpice, tels qu'on les trouve imprimés à Dijon, chez Douïllier, d'autres notes que *si* ou *mi* sont bémolisées, comme par exemple, la note *la*, à la page 78, n.° 83, est bémolisée accidentellement. Il faut se rappeler ce que nous avons dit touchant l'effet du *bémol*, dans la Méthode de Plain-Chant. On a vu qu'il baisse d'un demi-ton mineur la note devant laquelle il est placé. C'est à quoi il faut bien prendre garde, soit que le *bémol* soit accidentel, soit qu'il soit continuel, c'est-à-dire, placé à la clef; il faut baisser d'un demi-ton toutes les notes qui se rencontrent sur les degrés où sont les bémols.

Si au contraire il y a un ou plusieurs *dièses* à la clef, il faut hausser ou élever d'un demi-ton toutes les notes placées sur les degrés où sont les dièses.

Le *bécarre* sert non-seulement à rétablir les notes bémolisées dans leur ton naturel, il y remet aussi celles qui sont diésées, soit que le dièse soit accidentel, soit qu'il soit placé à la clef.

Dans les Cantiques de St. Sulpice, notés en plain-chant musical, on trouve quelquefois les deux demi-tons à la suite l'un de l'autre comme dans la musique; on y voit aussi le *mi* bémol à la clef de *fa;* deux choses qui n'ont jamais lieu dans le plain-chant ordinaire, ainsi qu'il a été dit.

Lorsqu'on se sera exercé de manière à pouvoir chanter tous les exemples ci-dessus, suivant les principes que nous venons d'exposer, on pourra, par-là même, exécuter tous les airs du recueil des Cantiques de St. Sulpice, notés en plain-chant musical.

Ce Recueil ainsi noté se trouve à Dijon, chez Douïllier, Imprimeur-Libraire.

Le prix est de 1 fr. 50 c.

Docete et commonete vosmetipsos, psalmis, hymnis et canticis spiritualibus, in gratiâ cantantes in cordibus vestris Deo. (*Col.* 3, et *Eph.* 5.)

FIN.

TABLE DES MATIERES
CONTENUES DANS CETTE MÉTHODE.

FIN DE LA TABLE.

IMPRIMERIE DE DOUILLIER, ÉDITEUR PROPRIÉTAIRE.

www.ingramcontent.com/pod-product-compliance
Ingram Content Group UK Ltd.
Pitfield, Milton Keynes, MK11 3LW, UK
UKHW020914180726
13838UKWH00002B/537

9 782329 361765